저절로
몸에
새겨지는

몰입
영어

저절로 몸에 새겨지는

몰입영어

몰입의 대가 황농문 교수의 궁극의 공부법

● 황농문 지음 ●

위즈덤하우스

몰입 영어 공부 한 달이면,
어학연수 1년 부럽지 않다

이 책은 영어시험 성적이 아니라 영어구사능력을 향상시키는 방법을 소개하는 데 목적이 있다. 우리가 영어 공부에 수많은 시간과 비용을 투자하면서도 영어 원어민 앞에서 말문 한 번 못 떼는 것은 그간 영어시험 성적을 올리기 위한 공부만 했지, 외국인과 소통하기 위한 공부는 하지 않았기 때문이다. 언어는 몸에 배어 자동으로 인출되는 암묵기억의 요소가 강한데, 이런 특성을 무시하고 오로지 영어시험을 잘 보기 위한, 외현기억 위주의 학습을 했기 때문이다.

피아노를 치는 능력은 암묵기억이다. 그런데 피아노 실력을 필기시험으로만 평가한다면 어떻게 될까? 필기시험을 잘 보려면 특정 기억을 회상하는 능력, 즉 외현기억 위주로 공부해야 한다. 피아노 건반 한 번 두드려보지 않은 사람도 이론 공부만 열심히 하면 필기시험을 잘 볼 수 있다. 바꿔 말하면 피아노 필기시험 성적이 아무리 우수해도 실제로는 피아노를 전혀 치지 못할 수도 있다는 뜻이다.

암묵기억은 쉬운 것을 단순반복하면서 몸으로 익히는 기억이다. 따라서 영어구사능력이 미숙한 성인이라면 영어 원어민 5세 정도의 영어구사능력을 목표로 연습하는 것이 좋다. 5세 아이는 쉬운 단어와 간단한 문장을 사용하지만, 이를 자유자재로 구사하여 의사표현을 할 수 있다. 이렇듯 쉬운 단어와 간단한 문장을 사용하되 아무런 거리낌 없이 자유자재로 영어를 구사하는 것을 목표로 해야 한다. 영어구사능력을 키우려면 말하기뿐 아니라 듣기와 읽기에도 많은 시간을 투자할 필요가 있다. 그러려면 영어를 '공부'하려 하지 말고 생활의 일부로 만들어야 한다. 이를 위해서는 무엇보다 영어를 즐기려는 자세가 중요하다.

나는 고등학교 1학년 때부터 영어 문장을 해석하지 않고, 읽는 즉시 이해하는 직독직해直讀直解를 훈련해왔다. 그러면서 영어 이야기책이나 소설을 즐겨 읽기 시작했다. 다른 과목 공부는 등한시하고 영어 소설만 읽는다는 이유로 고등학교 2학년 여름방학부터는 부모님께서 영어 공부 금지령을 내리실 정도였다. 고등학교 3학년 때도 자습 틈틈이, 쉬는 시간에 영어 소설을 읽었다. 딱 10분만 읽자고 마음먹고 영어 소설책을 펼쳐도 시계를 보면 어느새 15분이 훌쩍 지나있곤 했다. 그럴 때마다 5분이나 더 쉬었다는 죄책감을 느꼈지만, 다음 쉬는 시간이 되면 또 다시 영어 소설책을 펼쳐들고는 정신없이 빠져들었다. 누군가에게는 부담스러울 영어 소설 읽기가 내게는 이토록 즐겁고 행복한 휴식이 될 수 있었던 것은 직독직해가 가능했기 때문이다. 영어 듣기를 즐기려면 우리말 해석을 거치지 않고 듣는 즉시 곧바로 이해하는 직청직해直聽直解가 가능해야 하고, 영어 읽기를 즐기려면 직독직해가 가능해야 한다.

최근에는 인터넷과 IT 기술의 발달로 직독직해·직청직해 연습을 하기가 수월해졌다. 누구라도 인터넷을 통해 직독직해 연습에 필요한 쉬운 영어책을 검색하고 읽을 수 있다. 직청직해 연습을 하려면 쉬운 내용을 원어민이 천천히, 또박또박 읽어주는 음성 파일 또는 동영상 파일이 필요한데 이 역시 유튜브에서 쉽게 구할 수 있다.

무엇보다 반가운 기술은 휴대전화 기기에 저장한 음성 및 동영상 파일을 반복 재생해주는 '무한반복 앱'이다. 아기가 같은 단어를 수백 번 따라 하면서 모국어를 익히는 것처럼 영어를 암묵기억으로 학습하기 위해서는 반복해 듣고 따라 하는 연습이 무엇보다 중요하다. 무한반복 앱을 활용하면 영어 문장을 수백 번 반복해 듣고 앵무새처럼 따라 하는 훈련이 한결 수월해진다.

같은 문장을 수백 번 반복해 듣고 따라하면 지겹고 집중력도 떨어질 것 같지만, 사실은 그 반대다. 반복이 몰입을 유도해 빠른 시간 내에 집중력이 올라가면서 재미까지 느낄 수 있다. 언제 어디서든 몰입도를 쉽게 올릴 수 있기 때문에 자기 전이나 버스를 기다리는 등의 자투리 시간을 활용하기에도 좋다. 이러한 무한반복 학습을 통해 영어 듣기와 말하기를 한 달만 연습해보자. 어학연수 1년 다녀온 것보다 훨씬 큰 효과를 볼 수 있다. 자전거 타는 법을 몸이 기억하는 것처럼 영어가 몸에 새겨지는 학습이 가능해지는 것이다.

이 책에서 소개하는 영어 공부법이 수능을 눈앞에 둔 고등학생에게는 적합하지 않을 수 있다. 수능은 암묵기억보다 외현기억을 시험하는 비중이 크기 때문이다. 그러나 머지않아 우리 영어 교육도 핀란드나 북유럽처럼 영어구사능력 위주로 바뀔 것이라고 믿는다.

전작 《몰입》을 출간한 이후 수많은 독자들에게 메일을 받았다. 특히 몰입을 활용한 영어 공부법을 알려달라는 내용이 압도적으로 많았다. 그래서 또 다른 전작 《공부하는 힘》의 부록으로 실었고, 이 내용을 tvN 〈어쩌다 어른〉이라는 프로그램에서 간략하게 소개하게 되었다. 그리고 출판사에서 몰입을 활용한 효율적인 영어 공부법을 자세히 풀어 책으로 출간하자는 제안을 해왔다. 많은 고민 끝에 결국 또 무모한 도전을 하게 되었다.

이 책을 준비하는 데 많은 도움을 주신 위즈덤하우스 미디어그룹 관계자 여러분에게 감사를 전한다.

온갖 방법을 다 동원해 영어 공부를 해왔지만 영어 울렁증을 극복하지 못한 사람들, 업무나 학업을 위해 외국에 나갔지만 영어 말문이 열리지 않아 고생하는 사람들, 단시간 내에 영어 듣기와 말하기에 능숙해지길 원하는 사람들이 이 책을 통해 시원한 해법을 얻을 수 있길 기대한다.

황농문

차례

| 서문 | 몰입 영어 공부 한 달이면, 어학연수 1년 부럽지 않다 ··· 005

1장 영어는 암묵기억이다

핀란드와 한국의 영어 실력이 차이 나는 이유 ··· 015
영어 몰입도를 높이려면 뇌를 속여야 한다 ··· 021
몸이 저절로 기억하는 암묵기억 학습 ··· 027
몰입식 영어를 하면 꿈도 영어로 꾼다 ··· 031
엔트로피 법칙에 따른 문제 해결법 ··· 035
보물지도를 진짜 내 것으로 만드는 열쇠 ··· 040
● 몰입식 영어 공부법 01 ●
영어가 즐거워지는 7가지 방법 ··· 049

2장 무조건 듣기·말하기부터 시작하라

언어 소질은 타고나는 것일까? ··· 057
영어 실력은 학습 시간에 비례하지 않는다 ··· 062
영어권 4~5세의 듣기·말하기 수준을 목표로 하라 ··· 068
듣기부터 시작해야 거울뉴런이 작동한다 ··· 074
사전 한 권을 외워도 해석이 안 되는 이유 ··· 081
암묵기억 학습으로 한국식 영어 공부의 악순환을 끊어라 ··· 084
직청직해에서 직독직해까지 가능해지는 5단계 학습법 ··· 090
● 몰입식 영어 공부법 02 ●
몰입 영어에 도움이 되는 유튜브 채널 찾는 법 ··· 105

3장 **이제 영어가 저절로 몸에 새겨진다**

무한반복 학습으로 영어 회화에 머뭇거림이 사라진다　　　… 117

저절로 영어에 몰입되는 무한반복 학습 9단계　　　… 120

무한반복을 활용한 영단어 암기법　　　… 128

영어 단어와 문장이 저절로 튀어나온다　　　… 133

영어가 내 삶의 일부가 되는 놀라운 변화가 시작된다　　　… 137

● 몰입식 영어 공부법 03 ●

처음 영어를 배우는 아이들을 위한 7단계 학습법　　　… 141

부록 막막한 영어 글쓰기, 만만하게 시작하기　　　… 146

[몰입 영어 실천편]

Actual Training 01

영어회화 핵심패턴 339문장　　　… 173

Actual Training 02

영어회화 핵심패턴 113대화　　　… 213

1장

영어는
암묵기억이다

핀란드와 한국의 영어 실력이
차이 나는 이유

우리나라 학부모가 자녀의 영어 교육에 지출하는 비용이 한 해 5조 4,250억 원에 이른다고 한다. 교육부와 통계청이 공동으로 발표한 '2017년 초·중·고 사교육비 조사' 결과다. 여기에 미취학 아동과 대학생 및 취업준비생의 교육비를 합하면 한국 사람이 한 해 영어를 배우는 데 쓰는 돈은 10조 원이 훌쩍 넘을 거라고들 한다.

지난 2016년 스웨덴 글로벌 교육기업 EF가 발표한 바에 따르면 한국은 세계에서 영어 교육에 돈을 가장 많이 쓰는 나라로 조사됐다. 반면 '국가별 영어구사능력 순위'에서는 조사

대상 70개국 중 26위에 그쳤다. 같은 아시아권에서는 싱가포르가 12위, 말레이시아는 14위, 인도는 20위를 차지했다.

우리가 이처럼 영어 교육에 천문학적인 비용과 시간, 노력을 쏟아 부으면서도 영어를 잘하지 못하는 이유는 무엇일까? 유치원부터 대학에 이르기까지 20년 가까이 영어를 배웠으면서 외국인 앞에만 서면 말문이 막히는 이유는 또 무엇일까?

핀란드에서는 고등학교만 졸업해도 영어로 대화하는 데 큰 어려움이 없다고 한다. 그러나 핀란드어 역시 영어와 구조 차이가 크고, 오히려 한국어와 비슷한 면이 많다. 그런데도 영어구사능력에서 한국과 극명한 대조를 보이는 이유는 바로 교육 방식의 차이 때문이다. 20여 년 전에는 핀란드도 우리처럼 읽기 · 쓰기 위주로 영어를 가르쳤다. 그러다 점차 듣기 · 말하기 위주의 실용영어로 학습 방향을 바꾸면서 이런 변화가 생겼다고 한다.

반면 우리는 주로 시험에서 좋은 성적을 거두기 위해 영어를 공부한다. 그렇다 보니 읽기와 쓰기는 그럭저럭 하면서도 정작 해외에 나가면 커피 한 잔 주문하기도 쉽지가 않다. 학창 시절, 억지로 영어 공부를 한 탓에 '영어 울렁증'에 시달리는 사람도 많다. 해외연수나 유학, 이민, 또는 업무상 필요해서 회화 공부를 하지만 의욕만큼 성과가 나질 않는다.

미국 대학의 포스트닥(Post-Doc, 박사 후 과정)에 지원하는 학생들에게도 영어는 늘 골칫거리다. 예전에는 포스트닥 지원 양식에 맞춰 쓰기writing만 잘하면 문제없었지만, 이제는 사정이 달라졌다. 미국 대학 측에서 학생의 영어구사능력을 테스트하기 위해 스카이프(skype, 인터넷 기반의 화상 및 음성 통화 서비스)로 화상 면접을 실시하기 때문이다. 교수가 던지는 질문에 실시간으로 답변해야 하므로 영어구사능력이 부족하면 면접을 통과할 수가 없다. 상황이 이렇다 보니 연구 실적은 출중한데, 영어 장벽을 뛰어넘지 못해 좌절하는 학생들을 볼 때면 안타깝기만 하다.

대학 밖에서도 이와 비슷한 사례가 많다. 토익·토플에서는 고득점을 받았지만, 외국인과의 미팅 자리에만 나가면 말문이 막혀 고민인 직장인도 있을 테고, 굳은 결심으로 미국 유학을 떠났지만 영어 수업 내용을 거의 이해하지 못해 힘들어하는 유학생도 많이 있을 것이다. 아이와 함께 미국 어학연수를 간 한 학부모는 아이는 영어를 곧잘 해 대견한 한편, 자신은 영어 실력이 부족해 담임과 상담조차 어렵고, 어쩌다 아이 친구들이 놀러 와도 애들이 나누는 대화를 알아들을 수 없어

소외감을 느낄 때가 많다고 하소연하기도 했다.

국가 차원에서 영어 교육 방향이 개선되기를 기다리고 있기에는 당장 이들의 상황이 너무나 절박하다.

의식하지 않아도 자동으로 나오는 암묵기억 학습

우리의 읽기·쓰기 위주의 영어 교육이 핀란드를 비롯한 유럽의 듣기·말하기 위주의 영어 교육과 어떻게 다른 결과를 만드는지 먼저 살펴보자.

우선 듣기·말하기를 할 때와 읽기·쓰기를 할 때 뇌가 정보를 처리하는 시간과 방식에 큰 차이가 있다. 듣기와 말하기는 뇌에서 거의 실시간으로 처리된다. 그러려면 특별히 의식하지 않아도 자동적으로 작업을 수행해야 한다. 피아노 연주자가 손가락을 저절로 움직여 적절한 타이밍에 강약을 맞춰 건반을 두드리는 것과 같은 이치다. 이처럼 의식하지 않아도 필요에 따라 해당 능력을 자동으로 발휘하는 기억을 '암묵기억implicit memory'이라고 한다. 암묵기억은 의식적으로 서술할 수 없다고 하여 '비서술 기억non-declarative memory'이라고도 하고, 순서나 절차를 따른다고 하여 '절차 기억procedual memory'이라고도 한다. 이러한 기억은 자동적, 즉각적으로 처리되는 성질 때문에 몸이 기억하고 있다거나 몸에 배어 있다는 느낌을 준다.

타이밍이 중요한 활동들은 암묵기억을 활용하는 것이 효율적이다. 악기 연주, 스포츠, 운전 등이 암묵기억을 사용하는 대표적인 활동이다. 듣기와 말하기 역시 타이밍이 중요하다. 듣기를 하려면 상대방이 말하는 즉시 알아들어야 한다. 타이밍을 놓치면 무슨 말인지 이해할 수 없다. 말하기도 마찬가지다. 타인과 대화할 때 "아까 'Yes!'라고 말했어야 했는데 타이밍을 놓쳤네!" 하고 안타까워해봤자 소용없다. 이렇게 대화의 타이밍을 놓치지 않으려면 뇌가 자동적·즉각적으로 듣기와 말하기를 처리하는 암묵기억 회로가 만들어져야 한다.

반면 읽기·쓰기는 자동적·즉각적으로 처리되기보다 생각하고 궁리하는 단계를 거치는 작업이다. 이처럼 의식적으로 관련 기억을 인출하고 처리하는 기억을 '외현기억explicit memory'이라고 한다. 의식적으로 서술할 수 있어 '서술 기억declarative memory'이라고도 한다.

우리는 그동안 시험 대비용 영어 공부를 주로 해왔다. 시험에서는 대체로 영어 지문을 읽고 이해하기, 우리말을 영어로 옮기기 등 읽기와 쓰기 능력을 테스트한다. 깊이 생각하고 궁리해야 하는 기억, 즉 외현기억을 발달시키는 영어 공부를 해온 셈이다. 그렇다 보니 암묵기억이 필요한 듣기와 말하기 능력이 부족해지는 것은 너무나 당연한 일이다.

아이가 모국어를 습득하는 과정이 어떤지 떠올려보자. 시험공부 하듯 머리를 쥐어짜는 것이 아니라 듣기와 말하기를 수없이 단순 반복하면서 암묵기억을 활용해 자연스럽게 모국어를 습득한다. 암묵기억은 이처럼 무언가를 인위적으로 배우려 애쓰기보다 반복을 통해 자연스럽게 체득하는 기억이다. 암묵기억과 외현기억이 만들어지는 과정에 이런 차이가 있다는 사실을 이해해야 영어의 암묵기억을 효율적으로 형성할 수 있다.

영어 몰입도를 높이려면
뇌를 속여야 한다

무언가를 잘하려면 노력이 뒤따라야 하고, 그러려면 반드시 동기가 있어야 한다. 동기는 외적 동기와 내적 동기로 나뉜다. 외적 동기는 외부에서 강제로 주어지는 동기다. 시험, 상벌제도, 상여금 등이 여기에 해당한다. 반면 내적 동기는 만족, 보람, 즐거움, 눈높이 등 주로 내면에서 일어나는 동기를 가리킨다. 외적 동기가 수동적인 노력을 유도한다면 내적 동기는 능동적인 노력을 기울이게 한다. 성공하는 사람들의 공통점은 내적 동기가 발달해 능동적인 노력을 한다는 것이다. 따라서 무언가를 잘하려면 내적 동기에 주목해야 한다.

이제 잠시 멈추고 한번 생각해보자. 나는 왜 영어를 잘하고 싶은가. 왜 영어를 잘해야만 하는가. 시험을 잘 보기 위해? 승진하기 위해? 그렇다면 당신은 외적 동기로 움직이는 셈이다. 외적 동기가 불러일으키는 노력에는 한계가 있다. 그런 목적이라면 영어 공부가 괴롭고 힘들기만 하다. 몸은 책상에 앉아 있어도 무의식이 영어 공부를 거부한다. 그러니 효율이 오를 리 없다.

이공계에는 전문연구원 제도라는 것이 있다. 시험을 통과하면 대학원을 마치고 3년 동안 국내에 남는다는 조건으로 병역을 면제받는 제도다. 그런데 선발 인원보다 지원자가 훨씬 많아 경쟁이 매우 치열하다. 합격하려면 TEPS 점수를 남들보다 더 잘 받아야 한다. 그간 연구만 했지 영어와는 담 쌓고 살았던 이공계 학생들에게는 그야말로 난감한 상황이다.

이 시험에서 계속 떨어져 애를 먹는 학생들이 있다. 나는 이들에게 연구실에 안 나와도 좋으니 마음잡고 영어 공부에만 매진하라고 한다. TEPS 점수가 안 나오면 이제껏 해온 공부를 중단하고 군대에 가야 하니 본인들도 죽어라 노력하지만, 이상하게도 점수가 잘 안 나오는 경우가 있다. 심지어 1년이 넘도록 실험실에 나오지 않고 영어 공부에만 매진해도 TEPS

점수가 오르지 않아 결국 군대에 가는 학생들도 더러 있다.

이 학생들의 영어 실력이 오르지 않는 이유를 알아보기 위해 학생들과 이야기를 나눠본 결과, 공부 방법보다는 영어를 대하는 태도에 문제가 있다는 사실을 알게 되었다. 영어 성적이 잘 오르지 않는 학생들은 하나같이 영어를 싫어하거나 시험 때문에 어쩔 수 없이 영어 공부를 한다는 사실에 불만과 짜증을 느끼고 있었다. 반면 TEPS에서 비교적 좋은 성적을 거둔 학생들은 영어 공부가 자신에게 꼭 필요하고 중요한 일이며, 그간 바빠서 영어 공부할 기회가 없었는데 이번 시험을 계기로 실력을 향상시켜 보겠다고 긍정적으로 생각하고 있었다. 두 집단 간에 영어를 대하는 태도 차이가 매우 큰 것이다.

영어 공부의 효율이 높아지는 '자동목표추구 메커니즘'

영어를 싫어하거나 쓸데없는 것이라고 생각하면서 단지 시험 점수를 올리기 위해 억지로 공부하면, 즉 외적 동기와 내적 동기가 조화를 이루지 못한 채 충돌하면 몰입도를 올리는 데 매우 불리하다. 진화의 관점에서 보면 몰입이란 목숨이 걸린 중대한 순간에 잡다한 모든 것을 잊고 오로지 한 가지 목표에만 집중하는, 일종의 뇌의 비상사태다. 따라서 우리가 무언가에 몰입한다는 것은 뇌가 어떤 목표를 그만큼 중요하게 여긴다는 뜻이다.

뇌에는 '자동목표추구 메커니즘'이라는 것이 있다. 전두연합령에서 명확한 목표를 설정하면 뇌의 다른 부분은 맹목적으로 이 목표를 향해 노력한다. 내가 영어를 싫어하거나 중요하지 않다고 생각하면 우리 뇌는 당연히 영어를 잘할 필요가 없다고 간주한다. 즉 내적 동기가 없는 상태인 것이다. 이런 상황에서 외적 동기에 해당하는, 시험 점수를 목표로 한 공부를 하면 어떻게 될까? 내적 동기와 외적 동기가 조화를 이루지 못하고 충돌한다. 영어를 잘해야 하는 외적 동기가 아무리 충분해도 스스로 영어 공부를 중요하다고 생각하지 않으면 뇌에서 목표 설정을 하지 못해 몰입도가 오르지 않는다. 따라서 영어 공부 몰입도를 올리려면 의도적으로 영어가 세상에서 가장 중요한 것이라고 생각해야 한다. 그리고 그 생각을 뒷받침하는 명확한 이유를 찾으려고 노력해야 한다.

영어를 싫어하고, 영어가 내 삶에서 중요하다고 생각하지 않더라도 영어 공부를 할 때만큼은 우리 뇌가 영어를 세상에서 제일 중요하다고 인식하도록 해야 한다. 다시 말해 뇌를 속여야 한다는 것이다. 배우가 실제가 아닌 상황에서 눈물을 흘리는 것은 연기에 깊이 몰입했기 때문이다. 이를 위해 연기자는 자신을 극중 인물과 동일시하려는 노력을 한다. 이 역시 연기에 몰입하기 위해 뇌를 속이는 행위라고 할 수 있다.

과연 뇌를 속이는 일이 가능한지 의심스러운 독자도 있을 것이다. 심리학 용어 중 '안면 피드백 가설'이라는 것이 있다. 한 그룹은 볼펜을 이로 물게 하고, 다른 그룹은 입술로 물게 한 뒤 만화책을 읽게 한 다음 소감을 물었다. 그랬더니 볼펜을 이로 문 그룹에서 만화책을 재미있게 읽었다는 답변이 더 많이 나왔다. 볼펜을 입술로 물면 자연스레 뾰로통한 표정이 되지만, 이로 물면 입 꼬리가 올라가면서 미소 짓는 표정이 된다. 강제로 찌푸린 표정을 지은 그룹은 부정적 감정을, 웃는 표정을 지은 그룹은 긍정적인 감정을 경험한 것이다. 감정이 표정을 드러내기도 하지만, 때로는 표정이 감정을 만들기도 한다. 즉 의도적인 노력으로 우리 뇌를 속일 수도 있다는 이야기다.

공부할 때도 마찬가지다. 시험이 코앞에 닥친 상황에서는 대개 몰입이 잘 된다. 대신 공부할 시간이 부족하다. 반면 공부를 일찍 시작하면 시간 여유는 있는 대신 몰입이 되질 않는다. 시간 여유가 있을 때도 몰입도를 올리려면 우리 뇌를 속여야 한다. 목표를 절실하게 잡고, 날마다 그것을 되새기면서 목표 완수가 얼마나 중요한 일인지를 뇌에 각인시켜야 몰입도를 높일 수 있다.

영어 공부를 할 때도 영어가 세상에서 가장 중요하다는 믿음을 가져야 한다. 시험 때문에 억지로 하는 것이라고 생각하면 영어 공부를 열심히 하기도 힘들뿐 아니라 열심히 한다 해도 좀처럼 실력이 늘지 않는다. 영어 공부가 내게 매우 중요하고 꼭 필요한 일이라고 되새기고 또 되새겨야 뇌를 속일 수 있다.

그러려면 앞서 던진 질문으로 다시 돌아가야 한다. 나는 왜 영어를 잘하고 싶은가. 왜 영어를 잘해야만 하는가. 영어 공부에 어떤 내적 동기를 부여해야 뇌를 속이고 효율을 높일 수 있을까?

몸이 저절로 기억하는
암묵기억 학습

적절한 영어 학습 방법을 고민하기 전에 기억에 대해 더 자세히 알아보자. 우선 기억은 장기기억과 단기기억으로 나뉜다. 우리가 일상에서 오감으로 받아들인 정보는 일단 단기기억으로 저장되었다가 중요한 정보로 판단되면 장기기억으로 보내진다. 타고난 모든 능력, 어릴 때부터 보고 듣고 느낀 모든 경험이 장기기억에 저장되어 있다.

장기기억은 다시 외현기억과 암묵기억으로 나뉜다. 외현기억은 의식적으로 떠올리고 말로 표현할 수 있는 기억이다. 친구 이름, 특정 사건과 상황, 지식 등을 회상할 수 있는 능력이 바로 외현기억이다.

반면 암묵기억은 현재 행동에 영향을 주는, 일종의 무의식적인 기억이다. 몸에 배어 자동으로 인출되는 기억, 즉 운전이나 피아노 치기, 자전거 타기 등에 관여하는 기억이다. 자전거를 처음 배울 때를 떠올려보자. 처음에는 자전거 타기에만 온 신경을 집중해야 한다. 하지만 자전거 타는 기술이 암묵기억으로 저장된 뒤에는 자전거를 타면서 대화도 하고, 풍경도 구경한다. 자전거 타기에만 집중하지 않아도 몸이 알아서 무의식적으로 페달을 돌리고 균형을 잡는다. 수십 년 만에 다시 자전거를 타도 안장에만 오르면 곧바로 자전거를 탈 수 있다. 흔히 '몸이 기억한다'고 표현하는 이 능력이 바로 암묵기억이다.

대화할 때도 마찬가지다. 다음에 무슨 말을 해야겠다고 의식하지 않아도 자연스럽게 다음 말이 저절로 툭툭 튀어나온다. 자전거를 탈 때 이번에는 오른발을, 다음에는 왼발을 굴러야지, 하고 의식하지 않듯이 언어도 마찬가지다. 따라서 언어는 외현기억보다 암묵기억에 가깝다고 보아야 한다.

자, 그간 영어 공부를 어떻게 했는지 떠올려보자. 아마도 필기시험에 대비한 공부를 주로 해왔을 것이다. 필기시험은 대개 외현기억을 테스트한다. 암묵기억은 필기시험으로 테스트하거나 점수화하기 어렵기 때문이다. 그렇다 보니 우리는 필기시험을 잘 보기 위한 영어 공부, 즉 암묵기억이 아닌 외현기억에만 의존하는 영어 공부를 해온 셈이다. 언어는 암묵기억에 가까운데, 외현기억을 발달시키는 데만 그 많은 시간과 노력, 비용을 투자한 것이다. 피아노를 잘 치고 싶다면서 필기시험 공부만 열심히 한 것과 다를 바 없다.

영어도 자전거를 배우듯 익혀야 한다. 오래 전 배운 자전거를 몇 년 후에도 몸이 기억해 잘 타는 것처럼 영어도 어떤 상황에서든 무의식적으로 말문이 열리도록 암묵기억으로 체득해야 한다.

영어를 암묵기억으로 습득하려면 어떻게 해야 할까? 아이가 모국어를 습득하는 데는 엄청난 시간이 걸린다. 적게 잡아도 매일 10시간 이상은 모국어 환경에 노출되었다고 봐야 할 것이다. 그렇다면 생후 5년 동안 모국어를 듣는 시간은 최소한 1만 8,250시간, 거의 2만 시간 가까이 된다. 이 시간만큼 영어 공부를 하려면 하루에 3시간씩 공부해도 대략 20년이 걸린다. 다섯 살 배기 원어민 아이만큼 영어를 하기 위해 이토록 많은 시간을 투자해야 한다면 과연 누가 선뜻 도전할 수 있을까?

다행히도 암묵기억은 머리 싸매고 공부할 필요 없이 단순 반복을 통해 자연스럽게 얻어진다는 특성이 있다. 뒤에 더 자세히 설명하겠지만, 암묵기억의 이런 특성에 몰입을 활용하면 더욱 효과적이다.

따라서 일부러 시간을 내서 영어를 공부하려고 해서는 안 된다. 아예 생활의 일부로 만들어야 한다. 영어를 생활의 일부로 만드는 가장 좋은 방법은 일상에서 말하고, 듣고, 읽고, 쓰는 모든 언어활동을 영어로만 하는 것이다. 하지만 영어권 국가로 어학연수를 가지 않는 한 국내에서 이런 환경을 만들기란 거의 불가능하다. 그래서 캐나다에서 도입한 것이 바로 몰입 영어 교육이다.

몰입식 영어를 하면
꿈도 영어로 꾼다

본래 몰입 언어 교육은 구 공산권 국가에서 스파이 훈련용으로 도입한 것이다. 하루 종일 한 가지 언어만 교육했더니 6개월 만에 해당 언어를 완벽하게 습득했다고 한다. 이러한 몰입 언어 교육은 최근에도 활용되고 있다. 2010년 미국에서 러시아 스파이 11명이 체포된 사건이 있었다. 이들은 미국에 체류하는 동안 완벽한 미국식 영어를 구사하고, 미국인처럼 행세했기 때문에 친구나 이웃도 이들의 정체를 전혀 알아채지 못했다. 러시아 스파이들이 미국식 억양을 완벽하게 재현할 수 있었던 이유는 어디에서 무얼 하든 영어만 사용하는 몰입 언어 교육을 받았기 때문이다. 심지어 집에 혼자 있을 때조차 러시아어 대신 영어만 사용하게 했다. 당시 체포된 러시아 스파이, 안드레이 베즈르코프Andrei Bezrukov에 따르면 이런 식으로 몇 년을 보내니 입에서 자연스럽게 영어가 나오고 꿈도 영어로 꿀 정도였다고 한다.

현재 캐나다에서 시행하고 있는 언어 몰입 교육은 구 공산권 국가의 방식과는 조금 다르다. 캐나다에는 불어권과 영어권 지역이 있는데, 불어권에서 자란 아이들이 일상에서 영어를 최대한 사용할 수 있도록 영어 외 다른 과목, 즉 수학이나 사회 등을 가르칠 때도 영어를 사용하는 것이다. 영어를 억지로 가르치는 게 아니라 자연스럽게 경험하게 함으로써 암묵기억을 형성하는 교육 방식이다.

이 방식은 영어 교육에 더없이 효과적이지만, 단점도 뚜렷하다. 영어가 서툰 아이라면 영어뿐 아니라 다른 과목에도 흥미를 잃을 우려가 있다. 무엇보다도 과학이나 수학 등의 과목을 영어로 가르칠 만한 원어민 교사를 확보하기가 어렵다.

몇 년 전 우리나라에도 몰입 영어 교육을 도입하자는 논의가 있었는데, 다른 과목까지는 아니고 영어 수업만이라도 우리말을 쓰지 않고 영어로만 진행하자는 것이었다. 결국 원어민 교사를 확보하기 어렵다는 점과 교육 예산 증가 등 여러 이유로 시행하진 못했다.

캐나다의 영어 몰입 교육에서 우리가 주목해야 할 것은 영어는 암묵기억으로 습득해야 한다는 점이다. 이것만 유념하면 학교에서 엄청난 예산을 들여 원어민 교사를 고용하고 영어 몰입 교육을 시행하지 않아도 충분히 효과를 볼 수 있다. 북유럽 국가가 그 좋은 예다.

스웨덴, 노르웨이, 네덜란드, 스위스 사람들은 대개 영어구사능력이 뛰어나다. 캐나다처럼 원어민 교사에 의존하여 영어를 배운 것도 아니다. 이들 나라가 영어를 잘하는 이유는 실용영어 위주의 학습 덕분이다. 읽기·쓰기 위주가 아니라 듣기·말하기 위주로 반복하여 연습시킴으로써 암묵기억으로 학습시킨 것이 성공 비결이다.

일부 국내 기업에서도 사원들의 영어 교육을 위해 듣기·말하기 위주의 집중 어학 훈련을 시행하는 것으로 알려져 있다. 삼성그룹에서 20년 이상 경영관리·인사·교육 등의 업무를 수행한 피플스 그룹의 가재산 대표는 저서《삼성이 강한 진짜 이유》에서 삼성의 어학교육 프로그램을 소개한 바 있다. 삼성그룹에서는 해외 지역 전문가를 양성하기 위해 외국어 몰입 프로그램을 시행하고 있다고 한다. 어학 테스트에서 일정 점수 이상인 사람을 3개월간 외국어 생활관에 입관시키는데, 첫날 3시간을 제외하고 이후로는 무조건 영어만 쓰게 한다. 우리말을 쓰다가 동료, 선생님, 진행자들에게 3번 적발되면 퇴교조치 당한다. 이런 식으로 하루 세 시간도 자기 어려울 만큼 빠듯하게 외국어 교육을 받고 나면 외국 주재원으로 현지에 가서 빠른 시일에 본격적인 업무를 볼 수 있다고 한다.

북유럽이나 국내 기업의 영어 교육 사례처럼 이제 우리도 영어를 따로 공부할 게 아니라 내 생활의 일부로 만들어 암묵기억으로 영어를 습득해야 한다. 그러려면 일상에서 영어를 즐길 수 있어야 한다. 그를 위해서는 쉽고 재미있는 영어책을 읽고, 원어민이 읽어주는 영어 이야기책을 듣는 방식으로 직청직해와 직독직해에 익숙해지는 것이 우선이다. 이렇게 영어 듣기 실력이 발전하면 영어 뉴스나 드라마 등을 즐기고, 영어 정보를 자유자재로 검색하는 등 영어를 내 생활의 일부로 받아들이게 된다.

이 방법으로 노력하면 누구나 영어를 생활의 일부로 만들 수 있고 즐길 수 있다. 이제 올바른 영어 공부 방법에 대해 본격적으로 알아보자.

엔트로피 법칙에 따른
문제 해결법

나는 간혹 영어로 강연이나 학술발표를 해야 할 때가 있다. 처음에는 영어로 말하기가 부담스러워 사전 준비를 철저히 했는데, 지금은 슬라이드 순서를 챙기는 정도만 할 뿐 영어 원고를 따로 챙기거나 하진 않는다. 영어로 말하는 속도는 다소 느리지만, 강의 도중 영어로 질문을 받고 답하는 데 이제는 전혀 어려움이 없다. 하지만 나는 아직도 꾸준히 영어 공부를 한다. 내 영어구사능력이 내가 목표로 하는 수준에 미치지 못하기 때문이다.

영어 공부를 하면서 나 역시도 앞서 던졌던 질문을 스스로

에게도 종종 던져본다. 나는 왜 영어를 잘하고 싶은가. 왜 영어를 잘해야만 하는가. 내가 찾은 답이 모든 이에게 정답이 될 수는 없겠지만, 누군가에게는 도움이 될 것 같아 공유하려 한다.

나는 연구뿐 아니라 삶의 거의 모든 문제를 엔트로피 법칙으로 접근하는 습관이 있다. 엔트로피 법칙에 의하면 엔트로피는 증가하는 경향이 있다. 엔트로피가 증가한다는 것은 에너지 전환 과정에서 에너지가 쓸모없는 상태로 바뀐다는 것이다. 즉 고급 에너지인 위치에너지나 전기에너지가 쓸데없는 저급 에너지인 열에너지로 바뀌는 것을 의미한다. 예를 들어 자동차 연료인 휘발유는 자동차를 굴러가게 하는 고급 에너지지만, 휘발유가 엔진을 작동시킨 후 배출되는 열은 아무런 쓸데가 없는 저급 에너지다. 뿐만 아니라 엔진에서 발생하는 이 열을 식히기 위해 냉각수를 사용해야 한다.

전체 엔트로피는 항상 증가하지만, 국소적으로는 엔트로피가 감소하기도 한다. 생명체는 무생물과 달리 스스로 엔트로피를 낮추는 특별한 기능을 갖고 있다. 생명체는 어떻게 스스로 엔트로피를 낮출 수 있을까? 양자역학의 '슈뢰딩거 방정식'으로 유명한 슈뢰딩거Erwin Schrödinger가 그 이유를 밝혔다. 그는 생명 현상은 스스로 엔트로피를 낮추는 현상이며 이를 위해서는 정보를 처리하는 기능이 있어야 한다고 주장했다. 그리고 이를 코드code라 칭했다. 후에 생물학자 왓슨James Watson과 크릭Francis Harry Compton Crick이 그 코드를 찾기 위해 노력한 결과 발견한 것이 바로 생명체의 DNA에 들어 있는 유전 정보다. 이렇듯 생명체가 무생물과 달리 스스로 엔트로피를 낮출 수 있는 것은 바로 정보 처리를 통해서다.

집 안은 시간이 지날수록 자연스럽게 어질러지지만, 저절로 정돈되는 법은 없다. 이처럼 엔트로피는 증가하는 방향으로 진행한다. 어질러진 집 안을 쾌적하게 만들려면 누군가가 청소와 정리정돈을 해야 하는데, 이는 엔트로피를 낮추는 과정이자 노력이 필요한 일이다. 이렇게 자연스럽게 증가하는 엔트로피를 낮추려는 것이 바로 진화와 문명이며 우리가 추구하는 삶의 방향이다.

고도로 발달한 문명사회를 구현하기 위해서는 엔트로피를 고도로 낮추려는 노력이 필요하다. 결국 우리는 사는 동안 끊임없이 엔트로피를 낮추려는 노력을 해야 한다는 것이다. 그리고 삶에서 엔트로피를 감소시키기 위해 가장 중요한 것이 정보다. 바로 이런 이유로 우리는 공부하고 지식을 얻고 정보를 쌓아야 한다. 그래야만 사회에서 엔트로피를 낮출 수 있는 쓸모 있는 사람이 될 수 있다.

경쟁 상황을 생각해보자. 경쟁에서는 지기는 쉬워도 이기기는 어렵다. 따라서 경쟁에서 이기려면 엔트로피를 낮추려는 노력을 해야 한다. 엔트로피를 낮추는 것은 바로 정보이므로 경쟁에서 이기려면 정보가 있어야 한다.

어려운 문제를 해결하는 것도 엔트로피를 낮추는 행위다. 이때도 역시 가장 중요한 것은 관련 정보다. 내가 고민하는 문제를 다른 사람이 이미 고민의 과정을 거쳐 해결했을 가능성이 있기 때문이다. 누군가 이미 해결한 문제를 내가 다시 그만큼의 노력을 기울여 해결하는 것은 지극히 비효율적이다. 이는 살아가면서 만나는 수많은 문제를 해결할 때도 적용되지만, 연구 활동을 할 때도 마찬가지다. 연구를 하다 보면 수많은 문제를 해결해야 한다. 그러려면 우선 누군가가 이 문제 또는 이와 비슷한 문제를 고민하고 연구한 결과가 있는지 관련 문헌을 샅샅이 조사한 뒤 읽고 이해해야 한다. 내가 고민하고 있는 문제를 이미 해결한 정보가 있으면 나는 새로 노력할 필요 없이 문제를 해결할 수 있다. 기존 문헌에서 내가 고민하는 문제 일부를 해결해놓았다는 사실을 발견했다면 부족한 나

머지 부분만 해결하면 된다. 또는 기존 문헌에서 찾은 해결책에 나의 새로운 아이디어를 더해 세계 최초의 결과물을 얻을 수도 있다. 이러한 이유로 연구 또는 문제해결을 하려면 전문 분야의 참고문헌을 찾고 읽는 활동이 매우 중요하다.

내가 대학원에 다니던 시절만 해도 전문 분야의 참고문헌을 찾으려면 상당한 시간과 노력을 들여야 했다. 국내 도서관에서 찾을 수 있으면 그나마 다행인데, 그렇지 않은 경우에는 외국 도서관에 도서를 신청하기 위해 훨씬 더 까다로운 절차를 밟아야 했다. 하지만 지금은 세상이 달라졌다. 인터넷 검색창에 키워드만 입력하면 내가 원하는 거의 모든 정보를 손쉽게 얻을 수 있다. 엔트로피 관점에서 정보가 얼마나 중요한가를 고려하면, 엄청난 양의 정보를 인터넷을 통해 손쉽게 얻을 수 있다는 것은 매우 중요한 의미를 지닌다.

보물지도를 진짜 내 것으로
만드는 열쇠

인터넷을 통해 얻는 전문 정보가 얼마나 큰 위력을 발휘하는지 보여주는 대표적인 사례가 있다. 췌장암 조기 진단 센서를 발명한 15세 소년 잭 안드라카Jack Andraka 이야기다. 가족처럼 가깝게 지내던 아버지 친구가 췌장암으로 갑자기 세상을 뜨자 잭은 췌장암 진단에 관심을 갖게 되었다. 췌장암 진단에 800달러가 넘는 비용이 들고, 그나마도 조기 진단율이 30퍼센트 미만이라는 사실을 알게 된 그는 췌장암을 진단하는 더 좋은 방법을 연구하기 시작했다. 방학 3개월 내내 인터넷을 통해 수많은 과학 논문을 읽은 끝에 췌장암이나 폐암, 난소암에 걸리면 메소텔린이라는 단백질의 수치가 급증한다는 사실을 알아냈다.

어떻게 하면 메소텔린이라는 단백질만을 인식할 수 있을까? 이 난제를 해결하기 위해 잭은 개학 이후에도 인터넷으로 틈틈이 과학논문을 뒤적이다가 탄소나노튜브를 이용해 암을 치료했다는 논문을 발견했다. 이후 노력에 노력을 거듭한 끝에 마침내 메소텔린에 특정하게 반응하는 항체를 탄소나노튜브와 섞은 뒤 필터지에 코팅해 췌장암을 진단하는 센서를 개발하기에 이르렀다.

소년이 발견한 이 옴 미터Ohm Meter 진단법은 3센트라는 저렴한 비용으로 단 5분 만에 췌장암 여부를 100퍼센트에 가까운 정확도로 가려낸다. 또한 폐암과 난소암 진단에도 사용할 수 있고, 센서 항체만 바꾸면 심장병, 말라리아, 에이즈 등 여러 질병의 진단에도 얼마든지 응용이 가능하다.

어린 나이에 이런 뛰어난 발명을 했다는 사실도 놀랍지만, 내가 주목하는 것은 잭이 전문 자료를 얻은 방법이다. 그는 검색 사이트인 위키피디아와 구글을 통해 필요한 모든 자료를 얻었다. 잭의 사례는 인터넷을 통해 전문적인 문헌을 찾고, 이를 종합할 능력만 있으면 고등학생이라도 노벨상을 받을 만한 훌륭한 발명을 할 수 있다는 사실을 보여준다.

예전에는 오로지 해당 분야의 전문가만 전문 지식에 접근할 수 있었다. 이상한 말이지만, 전문 지식이 있어야 전문 지식을 구할 수 있었다. 예를 들어 췌장암 관련 논문을 찾고자 한다면 어느 정도 의학 지식이 있고 논문 분류 체계를 이해하고 있어야 가능했다는 말이다. 그러나 지금은 인터넷 검색창에 키워드만 입력하면 누구라도 원하는 정보에 접근할 수 있는 시대다. 예전 같으면 수백 개 도서관을 뒤져 구할 정보를 휴대전화 검색 엔진을 통해 터치 몇 번으로 손쉽게 얻는다.

최근에는 정보 전달 수단이 텍스트에서 동영상으로 옮겨가고 있다. 특정한 정보를 이해하고 습득하는 데 동영상만큼 효율적인 수단은 없다. 초중고 과정은 물론이고 대학이나 대학원 과정의 지식도 인터넷 동영상 강의 등을 통해 쉽게 터득할 수 있다.

실리콘밸리 엔지니어 출신 샐먼 칸Salman Khan이 만든 비영리 교육 플랫폼, 칸 아카데미Khan Academy는 4,000여 개의 무료 수업 동영상을 제공한다. 칸은 나이가 같다는 이유로 학업 능력이 각기 다른 학생들을 한 교실에 모아 놓고 가르치는 교육 방식은 낡은 유산이라고 규정하면서 온라인 학습을 그 대안으로 내세웠다. 온라인 환경에서는 각자 학업 수준에 맞게 능동적으로 학습할 수 있으며 교육비가 적게 들어 누구나 교육 기회를 평등하게 누릴 수 있다는 것이다.

TEDTechnology Entertainment, Design의 웹사이트(www.ted.com)에서는 '널리 알릴 가치가 있는 아이디어ideas worth spreading'를 모토로, 각 분야 저명인사들과 괄목할 만한 업적을 이룬 사람들의 강연 동영상 자료를 무료로 제공한다.

유튜브 역시 '유튜브 에듀Youtube Edu'라는 교육 동영상 서비스를 제공하고 있다. 애플도 '아이튠즈 유itunes U'라는 독자적인 교육용 애플리케이션을 개발해 운영 중이다.

이러한 온라인 기반 교육 서비스 덕에 기존 제도권 교육에도 변화의 바람이 불기 시작했다. 그간 대학 강의는 까다로운 선발 기준을 통과한 소수 학생들만을 위한 것이었다. 그러나 최근에는 많은 대학이 유튜브 에듀와 아이튠즈 유에 자기 학교의 질 높은 강의를 기꺼이 공개하고 있다.

누구라도 정보에 쉽게 접근하게 하는 기술은 앞으로 더욱 발달할 것이다. 잭 안드라카처럼 호기심 많고 창의력이 뛰어난 청소년들이 온라인 교육 시스템과 검색 엔진을 통해 손쉽게 정보를 얻고 세상을 깜짝 놀라게 할 발명이나 발견을 하게 될 것이다. 교육 약자들 또한 온라인 기반 학습을 통해 정보 습득 및 교육의 기회를 평등하게 누리게 되리라 생각한다.

원하는 정보를 정확하게 찾을 수 있는 비결, 영어에 있다

그런데 온라인 기반 학습에는 치명적인 단점이 하나 있다. 정보는 넘쳐나지만, 이를 습득하기 위해서는 영어를 잘해야 한다. 이들 교육 콘텐츠 대부분이 영어로 서비스되기 때문이다. 최근에는 다양한 언어 자막을 지원하는 콘텐츠도 많아졌지만, 내게 꼭 필요한 정보가 한글 자막 · 번역으로 서비스되리라는 보장은 없다.

우리나라에도 잭 안드라카 같은 청소년이 있다고 가정해보자. 그 소년은 가족처럼 지내던 지인이 췌장암으로 목숨을 잃자 췌장암 진단에 관한 논문을 찾아보기로 하고 일명 '구글링'을 시작한다. 영문 논문이 한글 논문보다 압도적으로 많으리라는 사실은 누구라도 쉽게 짐작할 수 있다. 만일 그 소년이 한글 읽듯이 영어를 능숙하게 읽을 수 없다면 '한국의 잭 안드라카'가 되기란 거의 불가능하다.

생각해보면 정말 억울한 일 아닌가. 호기심과 창의력, 열정이 충만한 소년이 자기 목표를 실현할 정보가 어디에 있는지 잘 알면서도 영어를 자유자재로 구사하지 못한다는 이유 하나로 이를 활용할 수 없다니 말이다. 보물지도를 손에 쥐고도 암호를 해독하지 못해 바라보고만 있는 심정과 비슷하지 않을까?

구글은 2004년부터 구글 북스 라이브러리 프로젝트google books library project를 시작했다. 전 세계 대학 도서관에서 소장하고 있는 책을 전자 문서로 만들어 무료로 공개한다는 야심 찬 프로젝트다. 저작권 문제로 갑론을박이 벌어지긴 했지만, EU 30개국에서 사용자 편리성과 도서 이용률 증가 등을 이유로 이 프로젝트에 합류했다. 구글의 이 프로젝트가 전 세계로 확산되면 우리는 손바닥보다 작은 휴대전화 하나로 세상의 모든 책을 열람할 수 있다. 키워드 하나만 입력하면 관련 책 목록과 차례는 물론이고 본문 내용도 검색이 가능하다. 세상의 모든 지식에 접근하는 요술방망이 같은 기술인 셈이다. 단, 이 요술방망이를 휘두르려면 전제조건이 있다. 영어를 한글처럼 부담 없이 읽을 수 있어야 한다는 것이다.

얼마 전에는 우리나라 국립 도서관에도 구글 측에서 도서 스캔을 허용해달라고 요청했다. 만일 구글 북스 검색 엔진을 통해 한글 도서를 열람할 수 있다고 해도 영문 도서와 한글

도서의 분량 차이와 이에 따른 정보 불균형은 엄청날 것이다.

인터넷이라는 광활한 정보의 바다에서 한글 정보의 양은 극히 일부다. 예를 들어 음식 조리법만 해도 국내 검색 엔진과 영어 검색 엔진으로 구할 수 있는 정보량에는 엄청난 차이가 있다. 영어를 한글처럼 자유자재로 읽을 수 있어야 인터넷의 방대한 전문 정보를 습득할 수 있고, 영어를 우리말처럼 들을 수 있어야 온라인 동영상 강의를 활용할 수 있다. 바로 이것이 영어를 잘해야 하는 이유다.

학생들이 연구하는 과정을 살펴보면 안타까울 때가 많다. 사전에 문헌 조사만 철저하게 해도 시행착오를 상당 부분 줄일 수 있는데, 무턱대고 실험부터 시작하니 효율이 떨어질 수밖에 없다. 연구자는 자기 분야의 기존 논문을 거의 다 읽고 이해해야 하며, 새로운 연구가 나올 때마다 지속적으로 정보를 업데이트해야 한다. 학생들이 이런 사실을 잘 알면서도 문헌 조사를 하지 않는 이유는 하나다. 영어 논문 읽기가 부담스럽기 때문이다. 영어 논문을 한글 논문처럼 쉽고 빠르게 읽질 못하니 극히 일부의 논문만 대강 읽는 반쪽짜리 문헌 조사를 하는 것이다.

간혹 산업체에서 생산 현장의 고질적인 불량 문제를 해결하거나 제품개발을 위한 도움을 요청할 때가 있다. 그럴 때면 나는 관련 부서 직원들을 모아서 주어진 데이터를 분석하고, 필요한 정보를 입수하는 일부터 한다. 그런데 놀라운 사실은 직원들이 기본적인 자료 조사조차 하지 않는다는 것이다. 구글 검색으로 관련 전문 자료를 찾아 읽고 차근차근 생각하면 문제를 어렵지 않게 해결할 수 있는데, 그 사소한 일을 하지 않아 문제를 키우는 경우가 많다. 이유는 역시나 영어 자료에 대한 부담감 때문이다. 영어 정보를 읽고 이해하는 데 익숙하지 않으니 아예 구글 검색을 사용할 생각조차 하지 않는 것이다.

4차 산업혁명 시대, 다가오는 미래를 준비하기 위해 창의력을 키워라, 코딩을 배워라, 이런저런 조언이 참 많이 들린다. 이런 시대에 여전히 영어 공부가 중요하다고 말한다면 시대착오적이라고 비난을 받을지도 모르겠다. 하지만 미래에는 정보를 아는 것보다 다루는 기술이 더 중요하며 온라인 기반 교육 활동과 인터넷 정보 대부분이 영어로 서비스된다는 사실을 감안하면 영어 공부가 중요하다는 주장은 여전히 유효하다.

영어에 능숙하다면 외국에 나가지 않고도 해당 전문가와 이메일이나 스카이프로 소통하여 정보를 교환할 수 있다. 영어를 우리말처럼 자유자재로 구사하고, 영어 문서를 한글 읽듯이 빠르고 정확하게 이해하는 능력은 미래에도 꼭 필요한 자질이다. 지식정보화 시대에 영어는 우리가 무한한 정보의 바다에서 길을 잃지 않고 원하는 정보를 정확하게 찾을 수 있게 도와주는 지도이자 뗏목이다.

영어가 즐거워지는 7가지 방법

영어를 생활의 일부로 만들기 위해서는 무엇보다 영어를 즐겁게 받아들이는 자세가 중요하다. 영어 공부가 조금이라도 즐거워지는 7가지 방법을 소개한다.

1. 영어를 잘해야 하는 이유를 찾는다

내가 영어를 잘해야 하는 여러 이유를 쭉 나열해보고, 가장 설득력 있는 것을 뽑아 명확하게 정리한다. 이 이유를 근거로 영어가 세상에서 가장 중요하다고 되새긴다.

2. 원어민이 읽어주는 쉽고 재미있는 스토리를 많이 듣는다

영어 듣기용으로는 논픽션보다 픽션이 좋다. 꾸민 이야기가
더 재미있고 흥미를 끌기 때문이다. 재미를 느끼려면 이야기
자체가 흥미로워야 하지만, 무엇보다 내용을 이해할 수 있어
야 한다. 이해하지 못하는 이야기에 재미를 느끼기는 어렵다.

그러려면 스토리 난이도가 적당해야 한다. 자기 영어 실력
에 맞는, 흥미로운 스토리를 찾는 데 시간을 많이 투자하자.
인터넷 사이트나 유튜브를 잘 찾아보면 만 2세 아이용부터
초등학생 및 청소년용에 이르기까지 다양한 영어 듣기 콘텐
츠를 구할 수 있다.

특히 유튜브에는 대중적이고 흥미로운 영어 듣기 콘텐츠
가 매우 많다. 유튜브 콘텐츠는 대개 자막을 함께 제공하므로
내용을 파악하는 데도 도움이 된다. 유튜브 콘텐츠에 영어 오
디오북까지 포함하면 듣기 콘텐츠는 무궁무진하다고 볼 수
있다.

영어 듣기를 할 때는 원어민이 읽거나 말하는 것을 듣는 즉
시 이해하는 직청직해를 하는 것이 중요하다. 직청직해를 하
면 직독직해도 쉬워진다.

3. 쉬운 영어 이야기책을 많이 읽는다

쉬운 이야기책을 읽되 직독직해하는 것이 중요하다. 즉 우리 말로 해석하는 중간 과정을 거치지 않고 영어를 읽는 즉시 곧 바로 이해해야 한다. 그래야 영어를 읽고 이해하는 속도가 빨라져 영어 읽기에 재미를 붙일 수 있다. 듣는 즉시 이해하는 직청직해와 읽는 즉시 이해하는 직독직해는 서로 보완적이므로 직독직해를 할 수 있으면 영어 듣기에도 큰 도움이 된다.

4. 영어로 라디오나 드라마를 즐긴다

영어 듣기 실력이 어느 정도 향상하기 시작하면 오디오북이나 이야기책 말고 다양한 영어 콘텐츠를 즐겨보자. 아리랑 TV나 tbs eFM 등은 국내 관련 콘텐츠를 영어로 방송하는 매체다. 이외에도 VOA · CNN · ABC · NBC · BBC 방송사의 뉴스, 영어로 해설하는 각종 스포츠 경기 등 다양한 TV 프로그램 등에 도전해보자. 미국이나 영국 등 영어권 국가의 드라마를 보는 것도 영어 듣기에 재미를 붙이고, 그들의 문화를 접하는 좋은 방법이다.

5. 일상적인 회화를 원어민 발음으로 녹음하여 반복해 듣는다

영어 말하기를 암묵기억으로 학습하기 위해서는 반복학습이 가장 효과적이다. 우선 일상에서 필요한 회화를 원어민 발음으로 녹음한 파일을 구한다. 그런 다음 무한반복 앱을 이용하여 이 녹음 파일을 반복해 들으면서 따라 한다.

6. 단어와 숙어는 듣기와 읽기를 통해 자연스럽게 외운다

새로운 단어와 숙어를 익힐 때에는 단어장을 만들어 달달 외우지 말고, 듣기와 읽기를 많이 함으로써 자연스럽게 반복 학습하는 것이 좋다. 우리가 우리말 단어나 숙어를 일상 대화, 독서, TV 시청 등을 통해 익히는 것과 같은 맥락이다.

7. 일정기간 집중적으로 영어 공부를 한다

하루 1시간씩 1년간 공부해 365시간을 채우는 것보다 하루 10시간 이상 한 달간 집중적으로 공부하여 365시간을 채우는 방식을 추천한다. 예를 들어 "이번 방학에는 다른 과목 말고 영어만 공부하겠다!" 하고 마음먹고 실천하는 것이다. 이렇게 집중적으로 공부하면 몰입의 즐거움을 경험할 수 있기 때문에 공부 계획을 실천하기도 쉽다. 즉 하루 1시간씩 1년간 공부한다는 계획이 성공할 가능성은 지극히 낮지만, 한 달 동안 매일 10시간 이상 영어만 집중적으로 공부하겠다는 계획은 성공할 가능성이 높다.

일정 기간 집중적으로 영어 공부를 하려면 초반의 몰입 장벽을 넘어야 하는데, 이를 위해서는 의도적인 몰입을 해야 한다. 즉 자나 깨나 영어 공부만 하려 노력하고, 영어 공부 몰입도가 올라간 뒤에도 이를 떨어뜨리지 않으려는 의도적인 노력을 해야 한다.

이렇게 일정 기간 동안 영어에만 집중하면 영어 몰입도가 높아진 상태에서 공부하기 때문에 관련 뇌세포가 활성화되어 공부 효과가 훨씬 커진다. 우리가 무언가에 집중하고 몰입할 때는 그렇지 않을 때보다 훨씬 많은 시냅스가 활성화된다. 학습 효율은 이러한 활성화된 시냅스 수에 비례한다고 할 수 있으므로 어학을 집중적으로 공부하는 것이 효율적임을 알 수 있다.

2장

무조건
듣기·말하기부터
시작하라

언어 소질은
타고나는 것일까?

외국어를 유창하게 구사하려면 얼마나 학습해야 할까? 우리 나라 사람이 일본어를 유창하게 구사하기까지 걸리는 시간 은 영어에 비해 훨씬 적다. 일본어 어순이 우리말과 거의 같아 서 우리말을 습득하면서 형성한 장기기억이 상당량 활용되 기 때문이다. 이처럼 외국어도 종류에 따라 배우기 쉬운 언어 가 있고, 어려운 언어가 있다.

이와 관련하여 전문 언어 교육 기관에서 조사한 자료가 있다. 미국 국무부 산하 언어연수 전문기관 FSIForeign Service Institute는 영어 원어민이 외국어를 익히는 데 필요한 시간을 기준으로 세계 주요 언어를 네 개 그룹으로 나누었다.

1그룹(상대적으로 배우기 쉬운 언어) : 불어, 독일어, 인도네시아어, 이탈리아어, 포르투갈어, 로마어, 스페인어, 스와힐리어(탄자니아와 케냐 등에서 사용하는 언어)

2그룹(배우기 다소 어려운 언어) : 불가리아어, 버마어, 그리스어, 힌디어, 페르시아어, 우르두어(파키스탄 공용어)

3그룹(배우기 어려운 언어) : 암하라어(에티오피아 공용어), 캄보디아어, 체코어, 핀란드어, 히브루어, 헝가리어, 폴란드어, 러시아어, 세르보크로아티아어(유고슬라비아에서 사용하는 슬라브계 언어), 태국어, 터키어, 베트남어

4그룹(배우기 매우 어려운 언어) : 아라비아어, 중국어, 일본어, 한국어

FSI는 언어구사능력 역시 아래 다섯 등급으로 분류하고 있다.

1등급(초급 레벨) : 여행에 필요한 최소한의 요구 조건을 충족하는 수준으로 간단하고 예측 가능한 대화와 자기소개 가능한 수준.

2등급(제한적 레벨) : 일상 또는 제한적인 업무에서 필요한 언어 구사능력을 갖춘 수준.

3등급(일반 레벨) : 실용적·사회적·전문적 주제에 관한 공식적·비공식적 대화에서 정확한 문장과 어휘를 사용하는 수준.

4등급(전문 레벨) : 전문성이 요구되는 업무에서 유창하고 정확하게 언어를 구사하는 수준.

5등급(원어민 또는 이중 언어 구사자) : 교육받은 원어민과 동등한 수준.

다음 페이지에 나오는 〈그림 1〉은 미국인이 한국어를 포함한 4그룹 언어, 즉 배우기 매우 어려운 언어를 학습할 때 각 FSI 등급에 도달하기까지 걸리는 시간을 보여준다. 세로축은 FSI 등급을, 가로축은 주당 30시간을 학습할 때 각 FSI 등급에 도달하기까지 걸리는 주수를 나타낸다.

세 개의 그래프는 위에서부터 각각 언어에 소질이 많은 경우, 소질이 보통인 경우, 소질이 없는 경우를 가리킨다. 언어 소질에 따라 각 FSI 등급에 도달하기까지 걸리는 시간에 큰 차이가 있다는 사실을 알 수 있다. 이 그래프에 따르면 미국인이 4그룹 언어의 FSI 3+ 등급에 도달하기 위해서는 언어에 소질이 있는 경우에는 100주(3,000시간), 소질이 없는 경우에는 215주(6,450시간)가 걸린다. 즉 동일한 FSI 등급에 도달하는 데 언어에 소질이 있느냐 없느냐에 따라 학습 시간이 두 배 이상 차이가 나는 것이다.

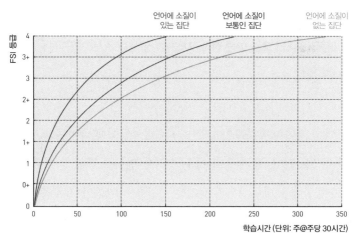

〈그림 1〉 언어 소질에 따라 각 FSI 등급에 도달하기까지 걸리는 시간

　　그렇다면 언어에 소질이 있다는 것은 무슨 뜻일까? 언어 소질은 타고나는 것일까, 아니면 노력에 의해 얻어지는 것일까? 논란이 많은 문제지만, 나는 언어 소질은 앞서 언급한 내적 동기와 관련이 있으며 간단한 노력으로 향상시킬 수 있다

고 생각한다. 누구라도 강력한 내적 동기를 갖고 노력하면 언어 소질을 얻을 수 있다.

결국 언어 소질이란 얼마나 적극적인 자세로 언어를 배우냐에 달렸다고 할 수 있다. 이 언어를 기필코 완벽하게 습득하겠다는 굳은 의지를 갖고 적극적으로 학습하면 효율이 높을 것이고, 소극적인 자세로 학습하면 효율이 낮을 것이다.

영어 실력은 학습 시간에
비례하지 않는다

영어 학습의 효율을 높이기 위해서는 의도적인 몰입을 활용하면 좋다. 앞에서 소개한 대로 의도적인 몰입을 하려면 영어를 자유로이 구사하는 능력을 습득하는 것이 세상에서 가장 중요한 일이라고 생각해야 한다. 또한 영어를 잘해야 하고, 열심히 해야 하는 이유를 찾아야 한다. 예를 들면 영어로 내 생각을 자유로이 표현하고, 영문 자료를 어려움 없이 술술 읽게 되면 내게 새로운 세상이 열린다고 생각해도 좋을 것이다.

FSI 연구는 한국인이 영어를 배우는 데 걸리는 시간으로 바꾸어 봐도 무방하다. FSI 연구에 따르면 언어 소질이 보통인 미국인이 한국어를 자유롭게 구사하는 수준인 3등급에 도달하려면 대략 1주에 30시간씩 100주, 즉 3,000시간을 학습해야 하고, 4등급이 되려면 230주, 즉 6,900시간 학습해야 한다. 이는 언어 소질이 보통인 한국인이 영어를 3등급 수준으로 구사하려면 3,000시간을 학습해야 하고, 4등급 수준으로 구사하려면 6,900시간을 학습해야 한다는 것이다. 영어 FSI 3등급은 ACTFLAmerican Council on the Teaching of Foreign Languages의 OPIOral Proficiency Interview에서 Superior 등급, Versant에서 69점(80점 만점), TSETest of Spoken English에서 55점(60점 만점), TOEIC Speaking에서 8등급(190점)을 받는 것과 비슷한 수준이다.

결국 FSI 연구는 한국인이 영어를 완벽하게 익히려면 1만 시간 가까이 필요하다는 것으로 해석할 수 있다. 이는 심리학자 앤더스 에릭슨Anders Ericsson의 '1만 시간의 법칙', 즉 어떤 분야든 전문가가 되려면 1만 시간의 연습 시간이 필요하다는 주장과도 통한다. 에릭슨 교수는 추가 연구에서 1만 시간을 연습하되 '신중하게 계획한 연습deliberate practice'을 해야 한다고 밝혔다. 어떤 분야를 완벽하게 익히기 위한 효과적인 연습이나 학습 방법이 존재하며 이 방법을 사용해야 실력이 빠른 속도로 향상한다는 것이다.

영어를 FSI 3등급 수준으로 구사하기 위해 총 3,000시간이 필요하다는 것은 하루에 1시간씩 영어 공부를 한다고 가정했을 때 대략 8년 2개월이 걸린다는 뜻이다. 이런 식으로 하루 1시간씩 영어 공부를 하여 FSI 4등급에 도달하려면 19년, 1만 시간의 학습량을 채우려면 대략 27년이 걸린다. 외국어를 완벽하게 구사하려면 하루 1시간 공부만으로는 학습량이 턱없이 부족하다는 뜻이다.

만일 영어권 국가에서 영어를 학습하는 경우라면 어떨까? 하루 8시간 정도 TV, 라디오, 신문, 원어민과의 대화 등을 통해 영어에 노출된다고 계산하면 1년에 대략 3,000시간이 되고, 3년이 못 되어 1만 시간을 채울 수 있다. 이런 계산으로는 미국에 이민이나 유학을 가서 5년 이상 생활한 사람은 영어를 원어민처럼 유창하게 구사할 수 있어야 한다. 그러나 이런 셈법은 아이가 모국어를 배우듯 올바른 방식으로 영어 공부를 한 경우에만 해당하고, 성인의 경우에는 그렇지가 않다.

오마이뉴스의 "영어 발음 때문에 겪은 '웃픈' 이야기"(2018. 5.31.)라는 기사는 미국 이민자나 유학생이 영어 때문에 겪는 각종 애환을 인상 깊게 다룬다. 이 기사에는 미국에 간 지 15

년이 넘었지만 여전히 영어 학원에 다니고 있는, 브라질에서 온 부부가 등장한다. 영어권 국가에 가기만 하면 누구나 영어를 잘하게 되는 것은 아니라는 말이다.

미국 NIST<small>National Institute of Standards and Technology</small> 포스트닥 시절, 많은 한국인을 만났지만, 영어를 원어민 수준으로 유창하게 구사하는 사람은 거의 보지 못했다. 미국에서 10년, 20년 이상 지낸 사람이라도 마찬가지였다. 특히 영어 발음이 좋은 사람은 거의 없었다. 30년 가까이 미국에서 교수생활을 하며 학생들에게 영어로 수업을 하면서도 여전히 한국식 발음과 억양을 사용하는 사람도 보았다. 나와 함께 연구를 하던 동료 중에 대만에서 미국으로 이민을 와 25년째 살고 있는 과학자가 있었는데, 그 역시 영어를 발음할 때 중국식 억양이 상당히 강했다. 그가 내게 '플리즈 씻땅'이라고 해서 무슨 말인지 못 알아들었는데, 'Please sit down'을 그렇게 발음했다는 것을 뒤늦게 알게 된 적도 있다. 이들처럼 한국이나 대만에서 익힌 영어 발음이 고착되면 영어 사용 시간이 증가해도 발음을 교정하지 못한다. 반면 어린 시절에 미국에 가면 3년 정도만 지나도 원어민에 가까운 영어구사능력을 갖게 되는 경우가 많다.

이를 통해 알 수 있는 것은 많은 학습 시간은 영어를 완벽하게 익히는 필요조건이지 충분조건은 아니라는 사실이다. 앤더스 에릭슨 교수의 '1만 시간의 법칙'을 적용하려면 영어 구사능력을 향상시키기 위한 '신중하게 계획한 연습'이 무엇인지 찾아내어 그 방식대로 학습해야 한다. 아이들은 단기간에 영어구사능력이 향상되는데, 한국에서 영어를 배운 어른은 왜 그렇지 못한가. 일단 이 차이를 이해해야 영어 학습의 '신중하게 계획한 연습'이 무엇인지 찾을 수 있을 것이다.

미국에서는 영어 잘하던 아이, 한국 오면 까맣게 잊어버리는 이유

아이는 어른보다 언어 습득을 위한 뇌가 더 발달되어 있어 언어 습득이 더 유리하다고 한다. 그러나 아이가 외국어를 빨리 배우는 현상을 두뇌에서만 찾아서는 안 된다. 아이가 언어를 습득하는 방식, 즉 읽기·쓰기가 아니라 듣기·말하기부터 익힌다는 사실에 주목해야 한다. 이는 핀란드가 영어 교육 방식을 읽기·쓰기 위주에서 듣기·말하기 위주로 바꾸면서 영어 구사 능력이 현저히 향상된 역사적인 실험 결과를 통해서도 확인할 수 있다.

영어권 국가에 머물면서 암묵기억 위주로 영어를 습득한 아이는 단기간 내에 영어를 유창하게 구사할 가능성이 크다. 흥미로운 사실은 한국으로 돌아오면 어른보다 빠른 속도로 영어를 잊어버린다는 것이다. 이런 현상을 방지하려면 어떻게 해야 할까? 외현기억으로 영어를 읽고 쓰는 법을 배우면 암묵기억으로 형성된 듣기·말하기도 쉽게 잊히지 않는다고 한다. 이는 어학의 외현기억이 관련 암묵기억을 고착시키는 효과가 있다는 것을 의미한다. 따라서 듣기·말하기의 암묵기억이 형성된 다음에는 그 기억을 유지하기 위해 읽기와 쓰기의 외현기억 학습이 뒤따라야 한다.

영어권 4~5세의 듣기·말하기 수준을 목표로 하라

언어 발달은 개인차가 매우 크지만, 대개 아기가 모국어를 습득하기까지 아래 과정을 따른다. 이 방식을 알면 언어를 배우는 효과적인 방법을 찾을 수 있을 것이다.

1단계 : 듣기·말하기·읽기·쓰기에서 듣기를 가장 먼저 한다. 부모가 하는 말을 듣고, 그 말의 의미를 이해하는 암묵기억을 발달시킨다.

2단계 : 생후 1년을 전후로 한 단어씩 말하기 시작한다. 익숙한 단어 몇 개를 수천 번 반복해 따라 한다. "물!", "아니야", "쉬"

처럼 단 한 단어로만 의사소통한다. 처음에는 발음이 서툴지만, 엄청난 반복을 거치면서 점차 교정된다.

3단계 : 생후 18개월 무렵이 되면 두 단어로 이루어진 어구 또는 문장으로 의사소통한다. 같은 말을 반복하고 또 반복한다. 암묵기억 습득에서 가장 중요한 것이 바로 반복이다.

4단계 : 만 3세가 되면 세 단어로 이루어진 어구 또는 문장으로 의사소통한다. "시연이 맘마 먹어"처럼 주어, 목적어, 서술어로 된 단순한 문장으로 의사를 표현한다. 그러다가 만 4~5세가 되면 단순한 문장 몇 개를 접속사나 연결어미로 연결해 자유자재로 구사한다. 쉬운 단어와 단순한 문장 구조를 사용하지만, 언어체계의 기본 구성 요소는 다 습득한 단계다.

5단계 : 글자를 배우면서 글을 읽고 이해하기 시작한다. 말과 글자를 대응시키는 과정이 일어난다.

아기가 모국어를 습득하는 과정은 우리가 그간 영어를 배워온 순서와는 정반대다. 아기는 모국어를 배울 때 듣기부터 시작한다. 그런 다음 말하기를 거쳐 읽고 쓰는 과정에 이른다. 반면 우리는 무조건 알파벳부터 배운다. 뒤이어 단어 스펠링을 외우고 문법을 익힌다. 일단 글자를 배우면 글자를 매개로 어학을 이해하는 뇌 회로가 발달하므로 암묵기억에 의한 학습 효과가 현저하게 떨어진다.

또 하나 우리가 주목할 것은 아기가 한 단어씩 쪼개 듣는 것이 아니라 문장을 하나의 단위로 통째로 듣는다는 점이다. 부모는 아기에게 쉬운 단어로 된 짧고 단순한 문장으로 말을 건넨다. 어려운 단어, 길고 복잡한 문장이라면 아이가 반복해 듣고 따라 하기 어려울 것이다. 쉬운 단어, 단순한 문장을 반복해 듣는 것이야말로 암묵기억 영어 학습의 핵심이다.

2,000개 단어만 알면 유창하게 말할 수 있다

만 4~5세 아이가 문장을 만드는 방법에도 언어 습득의 비밀이 숨어있다. 이 또래 아이들은 많아야 2,000개 정도의 단어를 조합하여 주어, 목적어, 서술어로 이루어진 단순한 문장을 만든다. 어휘수가 풍부하진 않지만, 이를 문장 규칙에 맞게 적절하게 조합하면 어떤 문장이라도 자유자재로 만들 수 있다. 이것이 바로 유창하게 말하기 위한 기본 조건이다.

따라서 영어 원어민 4~5세 수준의 듣기·말하기 능력을 목표로 연습하는 것이 좋다. 세 단어로 이루어진 어구나 문장, 즉 쉬운 단어로 이루어진 짧고 단순한 문장을 자유자재로 구사하는 능력을 먼저 습득해야 한다는 뜻이다. 문장이 길어지면 자유롭게 구사하는 능력을 완벽하게 익히기 어려워 학습 효율이 급격히 떨어지기 때문이다. 비유하면 피아노를 배울 때 우선 바이엘부터 자유자재로 칠 줄 알아야 한다는 것이다. 바이엘에 능숙한 사람은 체르니도 잘 칠 수 있지만, 바이엘을 건너뛰고 체르니부터 배우기 시작하면 훨씬 비효율적일 수밖에 없다.

문장 구사 능력이 유치해지진 않을까 걱정할 필요는 없다. 쉬운 단어로 단순한 문장을 만들 수 있으면 쉬운 단어를 어려운 단어로 바꾸기란 그리 어려운 일이 아니다. 또 단순한 문장을 접속사 등을 사용하여 복잡한 문장으로 만들 수도 있다.

아이가 말하듯, 문법은 의식하지 말아라

목표를 영어권 4~5세 수준의 듣기·말하기로 잡았다면 그 또래 아이들이 언어를 습득하는 방식을 따라야 한다. 즉 쉬운 문장을 듣고 따라 하기를 반복해야 한다. 주어니 목적어니 하는 문법 요소를 고려할 틈도 없이 자동으로 문장이 튀어나올 정도는 되어야 목표를 달성한 셈이다.

아기가 모국어를 습득하는 과정에서도 드러나듯이 영어를

배울 때는 읽기·쓰기가 아니라 듣기·말하기로 시작해야 한다. 또한 이를 끊임없이 반복해 몸에 배게 해야 한다. 이것이 바로 암묵기억을 형성하는 가장 이상적인 언어 학습이다.

아기가 모국어를 배우는 것처럼 영어 공부를 하라는 것은 처음부터 완벽하게 영어로 말해야 한다는 부담감을 버리라는 뜻이기도 하다. 물론 우리의 최종 목표는 외국인 앞에서 영어로 발표나 보고를 할 수 있을 정도로 문법과 발음이 정확한 영어를 유창하게 구사하는 것이다. 그러나 영어 공부를 시작하는 단계에서 외국인과 영어로 대화할 때는 문법을 의식하지 않는 것이 좋다. 아이는 문법을 전혀 신경 쓰지 않고 말하지만, 타인과 의사소통을 할 수 있다. 한 단어든 두 단어든 어휘 순서에도 구애받지 않고 그저 자기 의사를 전달하기 위해 떠오르는 대로 말한다. 반면 영어를 처음 배우는 성인은 '영어로 이런저런 뜻을 전달하려면 어떤 어휘를 사용해 어떤 순서로 말해야 하지?' 하는 고민부터 한다. 이런 방식으로는 외국인과 말할 기회가 생겨도 좀처럼 말문이 열리지 않고, 결과적으로 영어 말하기 실력도 향상하지 않는다.

아이는 수없는 시행착오를 반복하면서 유창하게 말하는 실력을 갖추게 된다. 우리도 시행착오를 두려워하지 말아야 한다. 틀리든 맞든 두려워하지 말고 일단 영어로 말문을 열어 보자. 시간이 지나면 틀린 부분이 자연스럽게 교정되면서 암묵기억에 의해 올바른 영어를 편하고 자유롭게 구사할 수 있게 될 것이다.

듣기부터 시작해야
거울뉴런이 작동한다

동료 교수가 11세, 6세인 두 아이를 데리고 미국에서 1년을 보내고 왔다. 첫째는 한국에서 영어를 웬만큼 배웠고, 둘째는 알파벳도 모르는 수준이었다고 한다. 그런데 놀랍게도 한국에 돌아올 때 영어를 자유자재로 구사하게 된 쪽은 둘째였다. 영어를 전혀 몰랐던 둘째가 영어를 배우고 간 첫째보다 영어를 더 잘하게 된 이유는 무엇일까?

둘째는 영어를 전혀 배우지 않았기 때문에 아기가 모국어를 배우는 방식으로 영어를 습득했을 것이다. 일단 듣고 앵무새처럼 따라 하기를 반복하는, 한마디로 암묵기억 위주의 학습을 한 셈이다. 그러나 첫째는 한국에서 영어를 배우면서 읽기와 쓰기 위주의 학습에 이미 익숙해졌다. 읽기부터 배운 탓에 동생처럼 아무 생각 없이 듣고 따라 하는 연습을 반복하지 못했고, 암묵기억에 의한 학습 효과도 거두지 못한 것이다.

내 주변에는 이와 비슷한 사례가 꽤 많다. 영어권 국가에서 1년 정도 머물 경우 한국에서 이미 영어를 배운 아이는 실력이 크게 좋아지지 않는데, 영어를 배우지 않고 간 아이는 영어를 잘하게 되는 경우가 많다. 읽기부터 배우는 방식에 대체 무슨 문제점이 있기에 이런 결과가 나오는 것일까?

글자를 배우면 우리 뇌에서는 그것을 단기적으로 전전두엽에 저장했다가 밤에 자는 동안 해마를 통해 장기기억으로 저장한다. 이것이 사람, 사물, 장소, 사건, 사실 등에 대한 의식적 기억, 즉 외현기억이 만들어지는 원리다. 그런데 말하기, 듣기와 같은 기술이나 습관, 조건화에 대한 암묵기억은 소뇌, 선조체, 편도체 등에 저장된다. 외현기억과는 완전히 다른 영역에 저장되는 것이다.

글자를 배우기 시작하면 글자를 매개로 언어를 학습하는 뇌 회로가 작동하기 시작한다. 그 결과 언어습득에서 외현기억의 역할이 커지고 암묵기억의 효과는 떨어진다. 알파벳부터 배우면 듣고 말하는 능력이 좀체 향상되기 어려운 이유가 바로 여기에 있다. 알파벳도 모르고 미국에 간 둘째가 영어를 웬만큼 배우고 간 첫째보다 영어구사능력이 더 뛰어난 이유이기도 하다.

읽기를 먼저 배우는 방식의 또 다른 문제점은 거울뉴런 mirror neuron이 작동하지 않는다는 것이다. 거울뉴런이란 다른 사람의 특정한 움직임을 관찰할 때 활동하는 신경세포다. 다른 사람의 행동을 거울처럼 반영한다는 뜻에서 붙은 이름이다. 옆 사람이 하품을 하면 덩달아 하품이 난다거나 신생아가 부모 표정을 그대로 따라 하는 것은 이 거울뉴런 때문이다. 또한 아기가 어른 말을 앵무새처럼 그대로 흉내 내도록 유도하는 것도 거울뉴런이다.

영어를 어린 나이에 배울수록 발음이 좋고, 나이 들어 배우면 아무리 노력해도 발음이 좋아지지 않는다고들 한다. 사실 근본 원인은 나이가 아니라 거울뉴런의 작동 여부에 있다. 그리고 거울뉴런 작동 여부는 영어 학습을 듣기로 시작하느냐, 읽기로 시작하느냐에 달렸다.

듣기로 영어 학습을 시작한 아이는 거울뉴런이 잘 작동해 원어민 발음을 똑같이 흉내 내려고 한다. 아기가 모국어를 익히는 방식처럼 배우는 것이다. 반면 읽기로 영어 학습을 시작한 어른은 들리는 대로가 아니라 발음기호나 알파벳 음가대로 발음하려고 한다. 잘 알겠지만, 원어민의 실제 발음은 발음기호나 알파벳 음가와는 차이가 있다. 영어에는 독특한 리듬과 억양, 강세가 있는데, 이를 잘 살리지 못하면 뜻이 전혀 통하질 않는다.

암묵기억 학습으로 한국식 발음에서 벗어나라

동료 교수 하나가 영어를 매우 유창하게 한다. 영어로 대화할 때도 마치 우리말로 하듯 막힘이 없다. 그런데 원어민이 그의 말을 알아듣지 못하는 경우가 종종 있다. 문법은 완벽하지만, 발음이 전형적인 '한국식 발음'이기 때문이다.

앞서 소개한 오마이뉴스의 "영어 발음 때문에 겪은 '웃픈' 이야기" 기사에도 이와 비슷한 사례가 등장한다. 인도에서 미국으로 이민 간 한 여성이 가전제품 서비스센터에 전화를 걸어 A/S를 요구했다고 한다. 마지막에 자기 주소를 남겨야 하는데, 상담원이 인도 여성의 발음을 도저히 알아듣지 못했다. 끝내는 상담원이 A부터 천천히 스펠링을 부르고, 맞는 스펠링에서 그녀가 "Stop"을 외치는 식으로 주소를 남길 수 있었다고 한다.

내가 미국에서 포스트닥 과정을 밟고 있을 때 한국에서 지인이 방문했다. 함께 음식점에 갔을 때 지인이 자기도 영어 한마디 해보겠다면서 주문을 직접 하겠다고 나섰다. 하지만 결과는 대실패였다. 그의 '오렌지 주스' 발음을 점원이 전혀 알아듣지 못했기 때문이다. 첫 글자에 강세를 주어 '아륀지 주스'로 발음해야 미국인이 알아듣는다.

또 이런 일도 있었다. 아내가 이웃에게 '맥도날드'라는 단어를 몇 번이나 반복해 말했지만, 통 알아듣질 못하더라. 우리식으로 '맥도날드'라고 발음하면 미국인은 전혀 못 알아듣는다. 굳이 한글로 옮기자면 '맥따날드' 정도일 텐데, 두 번째 음절에 강세를 주고, 마지막 음절 '드'는 거의 발음하지 않는다는 기분으로 약하게 발음해야 한다. 이렇게 강세, 억양, 리듬까지 살린 발음은 발음기호만으로는 터득하기 불가능하다.

누군가는 '말만 유창하게 하면 됐지, 그까짓 발음쯤이야……' 할지도 모른다. 과연 그럴까? 영화 〈스파이더맨Spider-Man: Into the Spider-Verse〉의 주인공 톰 홀랜드Tom Holland는 영국인이다. 평소에는 그의 영국식 발음이 우아하고 기품 있다는 평을 받지만, 〈스파이더맨〉을 촬영할 때는 발음 문제로 고생을

톡톡히 했다고 한다. 뉴욕에 사는 평범한 고등학생, 피터 파커역할에는 영국식 발음이 어울리지 않았기 때문에 미국식 발음을 새로 익혀야 했다는 것이다.

이렇듯 발음에는 많은 정보가 담겨 있다. 단순히 발음이 좋고 나쁘고의 문제가 아니다. 발음 하나로 출생지, 사회적 지위, 교육 수준, 현재 사는 지역 등 다양한 정보를 알 수 있다. 눈동자나 머리카락 색깔, 걸치고 있는 양복보다 그가 누구인지 더 정확하게 알려주는 것이 바로 발음이다. 발음은 단기간 노력으로 쉽게 교정되지 않는다는 점에서 더욱 그렇다.

그렇다면 영어 공부를 읽기로 시작한 대한민국 성인은 원어민 발음을 결코 따라잡을 수 없는 것일까? 그렇지 않다. 이제라도 아이가 모국어를 배우는 것처럼 쉬운 단어와 문장을 반복해 들으며 앵무새처럼 따라 하는 연습을 한다면 충분히 교정할 수 있다. 구체적인 방법은 뒤에서 더 자세하게 설명하기로 한다.

지금까지 영어 학습을 읽기로 시작해서는 안 되는 이유 두 가지를 살펴보았다. 글자를 먼저 배우면 암묵기억으로서의 학습효과가 떨어진다는 점, 거울뉴런이 잘 작동하지 않아 원어민처럼 발음하지 못한다는 점이다. 그런데 아주 중요한 이유가 하나 더 있다. 바로 직독직해가 불가능하다는 것이다.

　우리나라에서 영어를 배운 성인 대부분은 영어를 듣거나 읽는 즉시 이해하지 못한다. 반드시 우리말로 해석해서 이해한다. 영어로 자기 의사를 표현할 때도 일단 우리말로 하고 싶은 말을 만든 뒤 그것을 다시 영어로 바꾼다. 이런 방식의 학습이 왜 문제가 되는지 다음 장에서 더 자세히 알아보자.

사전 한 권을 외워도
해석이 안 되는 이유

학창시절의 나는 영어를 좋아하고, 열심히 공부하는 학생이었다. 중학생 때는 영어권 국가 어린이 수준의 쉬운 영어 이야기책을 많이 읽었다. 왼쪽 페이지에는 영어가, 오른쪽 페이지에는 우리말 번역과 단어 및 숙어 설명이 들어간 책이었다. 이런 책을 수십 권 읽다 보니 당연히 어휘력이 늘었고, 덕분에 또래 친구들보다 영어 단어와 숙어를 꽤 많이 익힌 편이었다. 이 책을 읽고 있는 독자들은 이미 내가 읽기 위주의 잘못된 공부를 했었다는 것을 눈치 챘을 것이다.

중학교 영어 시간, 선생님은 처음 배우는 단어가 나올 때마다 학생들에게 그 뜻을 물어보셨다. 아무도 대답을 못하면 내가 정답을 맞히곤 했는데, 나중에는 다들 나라면 어떤 단어든 척척 알 거라고 기대했다. 이런 기대에 부합하려는 욕심에 사전 한 권을 통째로 외운다는 야심찬 계획을 세우기도 했다. 사전 한 장을 외울 때마다 그걸 찢어 씹어 먹었다는 전설의 공부 귀신까지는 아니었지만 그래도 꽤 열심히 했던 기억이 있다.

중학교 시절부터 내 공부를 봐주던 큰형은 내 영어 실력을 친구들에게 종종 자랑하곤 했다. 고등학교 1학년이 되었을 때 형이 영문과 다니는 친구를 데려와 내 영어 실력을 테스트해보라고 한 적이 있다. 형 친구는 갖고 있던 대학 영어 교재를 아무 데나 펼쳐 건네더니 소리 내어 읽어보라고 했다. 나는 '해석을 시키지 않고 소리 내어 읽어보라고 하는 걸 보니, 발음을 테스트하려나 보다' 생각하고는 발음에 신경 써서 열심히 읽었다. 사전 한 권을 통째로 외울 작정으로 공부한 보람이 있었던지 막힘없이 줄줄 읽을 수 있었다. 내가 생각하기에도 거의 완벽한 낭독이었다. 한 페이지를 다 읽은 나는 칭찬을 기대하면서 형 친구를 바라보았다. 형 친구는 내 손에서 교재를 가져가더니 이렇게 물었다.

"자, 여기에 뭐라고 쓰여 있지?"

순간 머릿속이 멍해졌다. '어, 대체 내가 뭘 읽은 거지?' 분명히 한 페이지를 줄줄 읽었는데, 무슨 내용인지 전혀 감이 오질 않았다. 형 친구가 무슨 말인지도 모르면서 왜 계속 읽었느냐고 묻자 갑자기 얼굴이 확 달아올랐다. 뜻도 모르면서 줄줄 읽기만 했다니 얼마나 우스운 일인가.

지금껏 내가 잘못된 방식으로 영어 공부를 해왔다는 것을 그때 처음으로 깨달았다. 내용도 모르면서 입으로만 줄줄 읽는 방식의 독서는 다시는 하지 않겠다고 결심했고, 어떻게 하면 직독직해가 가능할지 고민하기 시작했다. 그리고 직청직해가 가능해야 비로소 직독직해가 가능하다는 것을 알게 되었다.

암묵기억 학습으로
한국식 영어 공부의 악순환을 끊어라

앞의 이야기에서도 알 수 있듯이 나는 전형적인 한국식으로 영어를 배운 세대에 속한다. 먼저 알파벳을 익히고 단어를 외운 다음 우리말로 해석하기와 영문법을 배웠다. 이런 식으로 학습하면 영문을 읽을 때 그 의미를 바로 파악하지 않고 반드시 우리말로 해석하는 과정을 거치는 습관이 몸에 배게 된다. 이것이 왜 문제일까?

한국식 영어 교육을 받으면 영문을 읽고 내용을 파악할 때 다음의 과정을 거친다. '영어 읽기(입력) → 각 단어를 우리말로 옮기기(외현기억) → 내용 파악 및 이해(암묵기억)'. 한눈에도 얼마나 비효율적인지 알 수 있다. 우리말 해석 단계를 거치면 영문을 읽고 이해하는 속도가 원어민보다 구조적으로 느릴 수밖에 없고, 영문 읽기가 부담스러워진다. 연구실 학생들이 연구 관련 논문을 충분히 읽지 않는 것도 직독직해를 하지 못하기 때문이다. 영어논문을 즉시 이해하지 못하고, 상형문자 해독하듯 글자 하나하나를 우리말로 해석해야 간신히 내용 파악을 할 수 있으니 시간도 오래 걸리고 부담스러운 것이다.

직독직해를 하지 못해 생기는 가장 큰 문제는 직청직해를 못한다는 것이다. CNN 앵커가 5분 동안 전달하는 영어 대본의 분량은 A4 용지 다섯 장 정도다. 뉴스를 듣는 즉시 이해한다는 것은 5분 동안 다섯 장 분량의 영어 대본을 읽고 이해하는 것과 같다. 뉴스 앵커가 표준 빠르기로 대본을 낭독한다는 것을 감안하면 이 뉴스 대본을 5분 이내에 읽고 이해하지 못하는 경우 직청직해는 거의 불가능하다고 보아야 한다.

명문대 교수인 지인 한 명이 미국에서 열린 국제학회에서 영어로 발표를 했다. 연구 내용은 두말할 나위 없이 훌륭했고, 발표도 매우 좋았다. 사전에 충분히 준비하고 연습한 덕분이었다. 그런데 예상치 못한 일이 생겼다. 발표가 끝나고 미국인 교수가 던진 아주 간단한 질문을 알아듣지 못한 것이다. 그 어려운 발표를 유창하게 잘 끝내고도 정작 간단한 질문 하나를 알아듣지 못한 이유는 직청직해 훈련을 하지 않았기 때문이다. 영어를 듣든 읽든 무조건 우리말로 해석하는 과정을 거쳐야 비로소 의미를 파악할 수 있기 때문에 원어민과는 간단한 대화조차 나눌 수 없는 것이다.

아마도 읽기로 영어 학습을 시작한 우리나라 성인 대부분이 이런 경우에 해당할 것이다. 그렇다 보니 외국인과의 대화가 불편해 피하고만 싶고, 그럴수록 외국인과 대화할 기회는 없어지고……. 그야말로 악순환이다.

이런 악순환의 고리를 끊기 위해서라도 이제 올바른 방법으로 영어 공부를 해야 한다. 영어를 읽은 뒤 우리말로 해석해 그 의미를 이해하려 하지 말고, 읽은 즉시 의미를 이해하는 직독직해 연습을 해야 한다. 직독직해를 한다는 것은 영어로 읽고 영어로 이해하는 것이다. 즉 영어로 생각한다는 의미다. 영어 단어를 우리말로 옮기는 외현기억 단계를 생략하고 '영어 읽기(입력) → 이해(암묵기억)'의 간단한 과정을 밟는 것이다.

그런데 직독직해가 가능하려면 영어로 이해하는 암묵기억 회로를 발달시켜야 한다. 아기가 모국어를 습득할 때는 말을 듣고 그 의미를 이해하는 직청직해의 암묵기억이 먼저 발달한다. 이런 과정을 마친 뒤에 글을 배우기 때문에 자연스럽게 직독직해가 되는 것이다. 따라서 직독직해를 하려면 영어 듣기를 충분히 훈련해 직청직해부터 가능해야 한다. 듣기 훈련의 중요성은 아무리 강조해도 지나치지 않다.

원어민과 대화를 나눈다고 하면 대개는 영어를 유창하게 구사하는 것만 떠올린다. 그러나 대화에서는 말 잘하는 능력보다 잘 듣는 능력이 더 중요하다. 내가 영어를 유창하게 말하지 못하더라도 상대방이 하는 말을 잘 이해하고 적절한 타이밍에 "Yes!", "No!", "Exactly, I agree with you", "That's right" 등 맞장구만 제대로 쳐주면 대화가 부드럽게 이어진다. 그런데 직청직해가 안 되어 상대가 하는 말을 즉시 이해하지 못하면 말할 타이밍을 자꾸만 놓치게 된다. 상대는 농담을 던진 뒤 웃고 있는데, 나는 무슨 말인지 알아듣지 못해 애매한 표정을 짓고 있다면 대화가 자연스럽게 이어질 리 없다.

직청직해의 암묵기억을 발달시킨 뒤 직독직해가 가능해지면 영어와 한글 읽는 속도가 거의 비슷한 정도가 되고 인터넷으로 영어 자료를 검색해서 읽는 데도 부담이 없어진다. 나 역시 직독직해 훈련을 통해 한글 읽는 속도와 거의 비슷하게 영문을 읽게 된 후로는 연구 활동이 한결 수월해졌다. 영어 자료나 논문을 빠르게 읽을 수 있고, 그런 자료를 찾는 데 어려움이나 부담을 전혀 느끼지 않기 때문에 직독직해가 서툰 다른 연구자들보다 훨씬 유리하다. 이렇듯 직독직해는 지식정보화 시대를 사는 현대인에게 매우 유리한 능력이다. 직독직해만 할 수 있다면 무궁무진한 정보를 얻는 만능키를 손에 쥔 것과 같다. 그리고 그 시작은 직청직해라는 것도 반드시 기억해야 한다.

직청직해·직독직해 훈련에 도움이 되는 동영상

직청직해와 직독직해를 훈련하는 방법에 관한 유튜브 동영상을 공유한다.

• Learn English Lab 채널의
'How to THINK in English – STOP Translating in Your Head & Speak Fluently Like a Native'

• Speak English with Christina 채널의
'Stop translating in your head & think directly in English'

• Gabby Wallace – Go Natural English 채널의
'How to Stop Translating in Your Head and Start Thinking in English Like a Native'

• English with Lucy 채널의
'6 ways to STOP translating in your head & THINK in another language!'

직청직해에서 직독직해까지
가능해지는 5단계 학습법

영어를 우리말로 해석해서 이해할 때와 직독직해할 때, 뇌가
정보를 처리하는 방식이 서로 다르다. 영어를 우리말로 해석
해 이해하는 방식으로 계속 공부하면 이를 처리하는 뇌세포
가 발달하여 직독직해에 관여하는 뇌세포는 발달하기 어려
워진다. 잘못된 습관이 고착되어 고치기 힘들어지는 것이다.
따라서 되도록 빨리 직청직해와 직독직해의 방식으로 영어
듣기와 읽기 훈련을 시작해야 한다.

1단계: 유튜브에서 내 수준에 맞는 이야기 찾기

원어민이 읽거나 말하는 동영상을 통해 영어 듣기를 하는 것은 영어를 익히는 데 매우 큰 도움이 된다. 그렇다면 원어민이 읽어주는, 쉽고 재미있는 이야기를 어디에서 구할 수 있을까? 유튜브는 이런 이야기가 가득한 보물창고다. 유아용 베드타임 스토리부터 초등학생 및 청소년이 즐길 만한 이야기까지 원어민이 정확한 발음으로 들려주는 다양한 동영상이 있다. 상당수는 영어 자막을 함께 제공하며 자막이 없는 경우에는 유튜브 설정에서 영어 자막을 선택하면 된다. 원어민이 말하는 속도가 너무 빠르게 느껴지면 유튜브 자체의 속도 조절 기능으로 속도를 적당히 늦출 수도 있다.

영어 이야기를 들을 때는 우리말 이야기를 들을 때보다 더 집중해야 하므로 대개 몰입도가 올라가면서 재미를 더 쉽게 느낀다. 만일 영어 듣기가 재미없다면 난이도를 조절할 필요가 있다. 너무 어려워서 내용 파악이 되지 않으면 재미를 느끼지 못하기 때문이다. 반대로 내용이 너무 쉬워 재미가 없는 경우도 있다. 따라서 자기 수준에 맞는 영어 이야기를 잘 골라야 하고, 이런 이야기를 찾는 데 시간을 많이 할애해야 한다.

처음에는 쉬운 단어, 쉬운 문장을 천천히 읽어주는 동영상으로 시작해 어려운 단어, 복잡한 문장을 읽어주는 동영상으로 점차 바꾸어 나간다. 이렇게 점진적으로 난이도를 조절해 가며 영어 듣기를 반복 훈련하다 보면 TED, VOA 또는 일반 뉴스도 들을 수 있게 된다. 뉴스는 정확한 발음의 표준 영어를 사용하므로 속도가 빨라도 상대적으로 알아듣기가 쉽다. 뉴스의 상당 부분을 듣고 이해할 수 있게 되면 '영어를 생활의 일부로 만들기'를 시도할 수 있다. 영어 듣기에 익숙해지면서 자신에게 필요한 강의나 뉴스를 영어로 들을 수 있게 되어 정보 획득 및 학습 능력이 비약적으로 확장한다.

2단계: 쉬운 문장으로 어순을 먼저 익혀라

직독직해 훈련을 위해 제안하는 두 번째 방법은 '쉬운 문장 읽기'다. 목표는 영어를 읽고 우리말로 해석해 이해하는 습관을 교정하는 것이다. 앞서 소개한 '쉬운 이야기 듣기'를 반복하다 보면 쉽고 간단한 문장 정도는 우리말로 해석하지 않고 바로 이해하게 될 것이다. 그 다음 굳이 해석을 하지 않아도 이해가 되는 수준의 쉬운 문장으로 이루어진 어린이용 책 10권 정도를 준비해 읽어본다.

문장을 끝까지 읽어야 이해하는 것이 아니라 읽는 순간 바로바로 이해하면서 넘어가는 것이다. 이 과정에서 중요한 것은 영어 어순에 익숙해지는 것이다. 우리말은 앞 단어가 뒤에 오는 단어를 꾸미거나 설명하지만, 영어는 주로 뒤에 오는 단어가 앞 단어를 설명한다. 특히 관계대명사가 있는 문장은 우리말과 어순이 달라 바로바로 이해하기 어려울 수도 있다. 하지만 익숙해지면 영어 어순이 우리말 어순보다 내용을 쉽게 파악할 수 있고 빠르게 읽기 좋은 방식임을 알게 될 것이다. 우리말은 끝까지 들어봐야 한다고들 한다. 핵심 내용이 문장 끝에 등장하는 경우가 많기 때문이다. 그러나 영어는 중요한 단어가 먼저 나오고 이를 수식하는 단어는 뒤에 나오기 때문에 핵심 내용을 빠르게 파악할 수 있다.

3단계: 모르는 단어는 패스, 문맥으로 뜻을 유추하라

만일 우리말 해석 단계를 거치지 않고 영어를 이해하는 이 과정이 어렵게 느껴진다면 영어 어순은 그대로 유지한 채 중요한 단어나 숙어의 뜻만 우리말로 옮겨본다. 예를 들어 'I go to school'이라는 문장이 있다면 '나는 간다 학교에' 식으로 이해해본다. 우리말 어순으로 바꾸지 말고 영어 어순으로 이해하는 것이다.

또한 영어 문장을 읽다가 이해되지 않는 부분이 나오면 다음 부분으로 더 나가지 말고 이해될 때까지 반복해 읽는다. 이때도 절대 우리말로 해석해서는 안 된다. 끝내 이해가 안 가거나 어려운 부분이 너무 많으면 내 수준보다 난이도가 높은 글이라는 뜻이므로 더 쉬운 것으로 바꾼다.

우리말 책을 읽을 때는 어려운 단어가 나와도 대개 앞뒤 문맥으로 단어 뜻을 유추하고 문장의 의미를 알아낼 수 있다. 영어책을 읽을 때도 마찬가지다. 단어 뜻을 모른다고 해서 일일이 사전을 찾다가는 이야기 흐름이 끊겨 몰입도가 떨어진다. 독서 중간에 절대로 단어 뜻을 찾아보지 말라는 소리가 아니다. 특정 단어의 뜻을 몰라서 내용이 전혀 이해가 되지 않아 독서를 계속하기 어렵다면 그 뜻을 찾아보는 것이 좋다. 다만, 모르는 단어가 나오더라도 독서를 중단하지 말고 문맥으로 이해하려는 노력이 필요하다는 뜻이다.

이런 방식의 읽기에 익숙해졌으면 다음에 나올 단어를 예측하며 문장을 읽는 훈련을 해보자. 문장 뒷부분을 손으로 가린 채 다음에 어떤 단어나 내용이 나올지 예측해보는 것이다. 그런 다음 단어 하나를 보이게 해서 내 예측이 맞았는지 확인하고, 또 다음 단어를 예측하는 방식으로 이야기책을 끝까지 읽어본다.

4단계: 쉽고 재미있는 책으로 다독에 도전하라

이렇게 쉬운 이야기책 10권을 반복해 정독했다면 이제 다독에 도전할 차례다. 무조건 많은 책을 읽으려 하지 말고 내 관심사를 다룬 책 중에서 재미있고 쉬운 것을 고른다. 그래야 지치지 않고 꾸준히 많은 책을 읽을 수 있다.

쉽고 재미있게 읽을 만한 영어책을 어떻게 골라야할지 모르겠다면 'Common Sense Media'라는 사이트에서 추천하는 '50 Books All Kids Should Read Before They're 12(12세가 되기 전에 모든 아이들이 읽어야 할 책 50권)' 목록을 참고하면 좋다.

- commonsensemedia.org/lists/50-books-
  all-kids-should-read-before-theyre-12

만 2세부터 12세에 이르는 아이들이 읽을 만한 다양한 책을 추천하고 있으므로 자신의 독서 수준에 맞는 책을 쉽게 고를 수 있다. 그중 연령별 추천도서의 대표적인 몇 권을 소개한다. 우리말로 번역된 책은 괄호 안에 번역본 제목을 적었다.

- 만 6세 이상 추천도서

《Charlie and the Chocolate Factory(찰리와 초콜릿 공장)》

《Stuart Little(스튜어트 리틀)》

《Where the Sidewalk Ends(골목길이 끝나는 곳)》

- 만 7세 이상 추천도서

《Charlotte's Web(샬롯의 거미줄)》

《Little House in the Big Woods(초원의 집)》

《Ramona the Pest》

- 만 8세 이상 추천도서

《Harry Potter and the Sorcerer's Stone(해리포터와 마법사의 돌)》

《The Lion, the Witch, and the Wardrobe: The Chronicles of Narnia, Book 1(사자와 마녀와 옷장)》

- 만 9세 이상 추천도서

《Alice's Adventures in Wonderland(이상한 나라의 앨리스)》

《Anne of Green Gables(빨강머리 앤)》

《The Bad Beginning: A Series of Unfortunate Events, Book 1(레모니 스니캣의 위험한 대결)》

- **• 만 10세 이상 추천도서**

《Hold Fast》
《I Am Malala: How One Girl Stood Up for Education and Changed the World(나는 말랄라)》
《Walk Two Moons(두 개의 달 위를 걷다)》

- **• 만 11세 이상 추천도서**

《Anne Frank: The Diary of a Young Girl(안네의 일기)》

- **• 만 12세 이상 추천도서**

《The Outsiders(아웃사이더)》
《To Kill a Mockingbird(앵무새 죽이기)》

무료로 책을 읽을 수 있는 사이트도 많다. 그중 'The Baldwin Online Children's Literature Project' 사이트에서는 소설, 비소설, 위인전, 역사서 등 다양한 장르의 고전을 무료로 제공한다.

• www.gatewaytotheclassics.com/browse/
books_browse_by_title.php

《Aesop's Fables(이솝 이야기)》, 《Alexander the

Great(알렉산더 대왕)》, 《Fifty Famous Stories(50가지 재미있는 이야기)》, 《A Dog of Flanders(플랜더스의 개)》, 《Gulliver's Travels(걸리버 여행기)》, 《Robinson Crusoe Written Anew for Children》, 《Tales from Canterbury Cathedral》, 《Treasure Island(보물섬)》 등 다양한 고전을 즐길 수 있다.

• healthyhappyimpactful.com/inspiring-books-kids/

아이들에게 동기를 부여하는 책을 보게 하고 싶다면 위의 'healthyhappyimpactful.com' 사이트에서 제공하는 '50 Best Inspiring Books For Kids and Teens in 2023'에서 추천도서를 확인해보자.

• huffingtonpost.com/julie-handler/50-inspiring-childrens-books-with-positive-message_b_1557914.html

'HuffPost' 사이트에서는 아이들의 자기계발에 도움이 되는 도서 목록을 제공한다. '50 Inspiring Children's Books with a Positive Message'에서 추천하는 책을 참고해보자.

• forreadingaddicts.co.uk/literature/top-10-motivational-books-students/19577

청소년용 자기계발 도서를 추천받고 싶다면 위의 'for Reading Addicts' 사이트의 'Top 10 Motivational Books for Students'를 추천한다.

이외에도 구글에서 한글로 '영어 공부에 좋은 책', '영어 공부하기 좋은 쉬운 영어 소설' 등을 검색하거나 영어로 'books to read for english'나 'books for english learners' 등을 검색하면 다양한 사이트가 나온다. 이런 식으로 다양하게 검색하다 보면 영어 공부에 도움이 될 뿐 아니라 즐거움과 감화를 주는 좋은 글을 많이 발견할 수 있다.

헬렌 켈러Helen Keller의 에세이 《Three Days to See(사흘만 볼 수 있다면)》, 나다니엘 호손Nathaniel Hawthorne의 단편소설 《The Great Stone Face(큰 바위 얼굴)》, 버트란트 러셀Bertrand

Russel의 《Conquest of Happiness(행복의 정복)》 역시 추천하는 책이다. 인터넷 검색창에 이들 제목을 입력하면 PDF 파일로 전문을 볼 수 있다.

교육적으로 유익한 영시도 하나 추천한다. 아래 소개하는, 로버트 루이스 스티븐슨Robert Louis Stevenson의 〈Requiem(진혼곡)〉이라는 시는 서서히 다가오는 죽음을 두려움 없이 맞이하려면 어떻게 살아야할지 빛나는 통찰을 보여준다. 어떤 이에게는 이 시가 정신적 성숙을 한 차원 높이는 계기가 되어줄 것이다.

Under the wide and starry sky

Dig the grave and let me lie:

Glad did I live and gladly die,

And I laid me down with a will.

This be the verse you 'grave for me:

Here he lies where he long'd to be;

Home is the sailor, home from the sea,

And the hunter home from the hill.

별들이 빛나는 드넓은 하늘 아래,

묘를 파서 나를 눕혀주오.

즐겁게 살았고 또 기꺼이 죽노니,

나 주저 않고 누우리.

그대가 나를 위해 새겨줄 묘비명은

여기 그가 누워 있노라. 그토록 갈망하던 곳에

선원이 집으로 돌아왔네, 거친 항해에서

사냥꾼이 집으로 돌아왔네, 거친 들판에서

5단계: 드라마 시청으로 일상표현 익히기

쉬운 듣기와 쉬운 읽기를 통해 영어 듣기 및 직독직해에 익숙
해지고 자신감이 붙었다면 이번에는 난이도가 낮은 영어 라
디오 드라마를 찾아 들어보자. 라디오 드라마는 청취에 최적
화한 콘텐츠이므로 영어 듣기 초보자에게는 TV 드라마보다
더 좋다.

라디오 드라마를 대부분 이해하며 들을 수 있게 되면 다음
에는 대사가 어렵지 않은 '영드'나 '미드'에 도전해본다. 특히
시트콤situation comedy 장르는 일상적이고 간단한 대사가 많이

나오기 때문에 미드 입문용으로 좋다. 드라마에 재미를 붙이면 내가 앞서 여러 번 강조했던 '영어가 일상이 되는 일'이 더 쉬워질 것이다.

영화나 드라마로 영어 공부를 시작하려는 사람이 많지만, 나는 뉴스 듣기 등을 통해 영어 듣기에 자신감을 얻은 뒤에 영화나 드라마에 도전하라고 권한다. 영화나 드라마에는 표준 영어보다 관용표현idiomatic expression이 더 많이 쓰여 이해하기 쉽지 않기 때문이다.

영어는 표준영어, 즉 교과서적이고 알아듣기 쉬운 영어Formal English, Standard English와 생활영어Informal English, Casual English, Non-Standard English로 나눌 수 있다. 생활영어에서 사용하는 표현을 '관용어구'라고 한다. 예를 들어 'bottom line'은 '최종 결과' 또는 '요점'이라는 뜻으로, 원어민이 일상에서 굉장히 많이 사용하는 관용표현이지만, 표준영어만 공부한 한국인은 거의 알아듣질 못한다. 나 역시 TED나 영어 뉴스는 내용 대부분을 이해하지만, 관용표현이 많이 나오는 TV 드라마나 영화 장면은 알아듣지 못하는 경우가 허다하다.

관용표현을 집중적으로 학습하고 싶은 독자가 있다면 유튜브 'Jason English' 채널 중 '미드에 자주 나오는 생활영어

표현' 콘텐츠가 도움이 될 것이다.《김영철-타일러의 진짜 미국식 영어》(위즈덤하우스)라는 책도 관용표현을 배우기에 좋은 책이다.

드라마 시청은 일상에서 흥미를 잃지 않고 영어 듣기를 계속하고, 관용표현까지 익힐 수 있는 좋은 수단이다. 드라마 대사에서 외우고 싶은 표현이 있으면 듣고 따라 하기를 반복한다. 유명한 미드는 인터넷에서 대본도 구할 수 있다. 네이버나 구글에서 '미드 자막'을 검색하면 유명 미드의 자막을 제공하는 웹페이지나 블로그 목록이 나오니 참고하기 바란다.

뉴스나 드라마로 영어 듣기를 하다 보면 어렵지 않은 대본인데도 알아듣지 못하는 경우가 종종 있다. 이는 앵커나 배우의 발음 속도가 빠르기 때문이기도 하지만, 연음 때문일 수도 있다. 연음이 없는 우리말과 달리 영어나 불어에는 연음이 있기 때문에 원어민 발음을 알아듣기가 쉽지 않다. 뉴스나 드라마 등을 즐기려면 연음 부분을 잘 듣는 훈련을 집중적으로 할 필요가 있다. 이를 위해서는 뒤에 소개할 무한반복을 통한 듣기 훈련을 추천한다.

전자책 단말기로 영어책 읽기

전자책 단말기를 사용하면 영어책 읽기가 한결 편하다. 원하는 전자책을 검색하여 바로 구입할 수 있을 뿐 아니라 전자사전도 탑재하고 있다. 또한 단어를 몇 초간 길게 터치하면 전자사전이나 주석이 팝업으로 뜨기 때문에 독서 편의성이 높다. 국내에 다양한 전자책 단말기가 판매되고 있는데, 영문 독서를 위해서라면 아마존 킨들Amazon Kindle 단말기를 추천한다. 미국 인터넷 서점 아마존Amazon의 전용 단말기인 만큼 다양한 종류의 영어 전자책을 구입할 수 있다. 전자책 단말기를 구매하는 대신 휴대전화, 태블릿PC, 컴퓨터 등에 이북리더 어플을 깔아 전자책을 읽는 방법도 있다. 아마존 킨들도 무료 어플을 제공하고 있다.

몰입 영어에 도움이 되는 유튜브 채널 찾는 법

1. 유튜브에서 키워드로 찾기

유튜브에서 영어 듣기에 알맞은 콘텐츠를 어떻게 찾을지 막막하다면 입력창에 아래 키워드를 입력해보자. 직청직해와 직독직해 연습에 좋은, 쉽고도 재미있는 스토리를 만날 수 있을 것이다.

유튜브 콘텐츠의 광고를 보기 싫으면 유료 서비스인 유튜브 레드YouTube Red나 유튜브 프리미엄YouTube Premium을 신청하는 것도 한 방법이다. 이들 서비스는 광고를 보는 번거로움이 없을 뿐 아니라 화면이 꺼지거나 내비게이션 등 다른 어플을 작동시킨 상태에서도 재생이 가능하여 여러모로 편리하다.

- **쉽게 읽을 만한, 유아 및 초등학생용 이야기책을 찾는 키워드**

  Bedtime stories book for children

  Stories book for children

  English story for kids

  English story for children

  English listening for kids

  English listening for beginner

  English listening level 1

- **기타 다양한 영어 스토리를 찾는 키워드**

  English subtitles

  English subtitles movie

  English subtitles animation

  English subtitles drama

  English subtitles interview

  English subtitles documentary

English subtitles news

English subtitles ted

English subtitles cartoon

English subtitles movies Hollywood

English story

English storybook

English story for learning

English storytelling

English storybook reading

English story for listening

English story with subtitles

English listening

English listening practice

English listening advanced

English listening movie

English listening skill

English listening test

English speech

• 오디오북을 찾는 키워드

최근 출간된 영어책은 대부분 오디오북을 지원한다. 오디오북은 운전을 하거나 대중교통을 이용할 때 등 자투리 시간을 활용할 수 있어 좋다. 또한 발음이 정확하고 뉴스보다 속도가 느려 알아듣기가 더 쉽다. 아래 키워드를 사용해 내게 맞는 오디오북을 검색해보자.

Audiobooks

Audiobooks in English

Audiobooks on youtube full

Audiobooks for kids

Audiobooks fantasy

Audio books full

Audio books youtube

audiobooks romance

free audio books

2. 추천할 만한 사이트

• VOA Learning English(learningenglish. voannews.com)

쉬운 문장을 느린 속도로 읽어주며 영어 원고를 함께 제공하여 초보자에게 매우 유용하다. 모바일 어플도 있다.

• Storynory(storynory.com)

동화, 고전, 시, 동요 등을 영어 오디오로 제공한다. 어린이용이라 난이도가 높지 않고 음성파일을 다운로드 받을 수 있다.

• Storyline Online(storylineonline.net)

유명 배우들이 어린이책을 읽어주는 사이트로 기본 자막

은 스페인어로 되어 있지만, 설정에서 영어로 바꿀 수 있다.

3. 추천할 만한 유튜브 채널

• **다양한 뉴스 채널** : VOA, CNN, ABC news, Inside Edition, CBS This Morning, Fox News, The Young Turks, CBS News 등의 채널에서 뉴스 동영상을 시청하거나 다운받을 수 있다.

• **Jason English** : 영어 말하기 듣기 학습에 유용한 자료가 많다. 국내 영어 학습 유튜브 채널 가운데 가장 많은 콘텐츠가 있다. 특히 다음의 세 가지 콘텐츠를 추천하고 싶다.

	• 영어회화, 영어 고수들의 영어 잘하는 7가지 방법 youtu.be/ftCdJql0IA4
	• 영어회화, 영어 어순을 이해하는 기본 원리 youtu.be/lxvINA4OGAQ

• 영어회화, 미국인이 매일 쓰는 핵심 패턴 522문장
youtu.be/PV1gnkL9Yx8

• Learn English with Let's talk - Free English Lessons : 영
문법을 영어로 설명하는 채널로 강력 추천한다. 콘텐츠는
1,000개 이상 있다.

 • youtube.com/user/learnexmumbai

• Full audio books for everyone : 난이도 있는 콘텐츠를 원
한다면 추천한다. 콘텐츠는 1만 3,000개 이상 있다.

 • youtube.com/user/rt20bg

• 그 외 아래의 채널들도 추천한다.

BBC Learning English

Never Stop Learning English

Learn English Online

Learn English Through Story

English Listening Practice

Learn English with EnglishClass101.com

Anglo-Link

Baby Plus

English Kids TV

Easy to Speak English

Espresso English

JenniferESL

Real English®

The English Coach

English with Lucy

Gabby Wallace - Go Natural English

Rachel's English

mmmEnglish

Simple English Videos

Daily English Conversation

All English Lessons — build your vocabulary

Greatest AudioBooks

Daily English Conversation

Oxford Online English

English Audio Books

Boston English Centre

4. 유튜브 채널을 더 추천받고 싶다면

아래 사이트를 참고하면 더 많은 유용한 채널을 찾을 수 있다.

• Start English Now : 이 채널에 '영어 공부에 도움되는 유튜버들 추천' 콘텐츠를 참고해보자.

 • youtu.be/v4uWLIhnyQM

- Medium.com : 검색창에 '영어 학습에 도움 되는 유튜브 채널'을 검색하면 다양한 채널을 소개하고 있으니 참고해보자.

- medium.com/@Rhee_JH/영어-학습에-도움되는-유튜브-youtube-채널 -ec37800f75ad

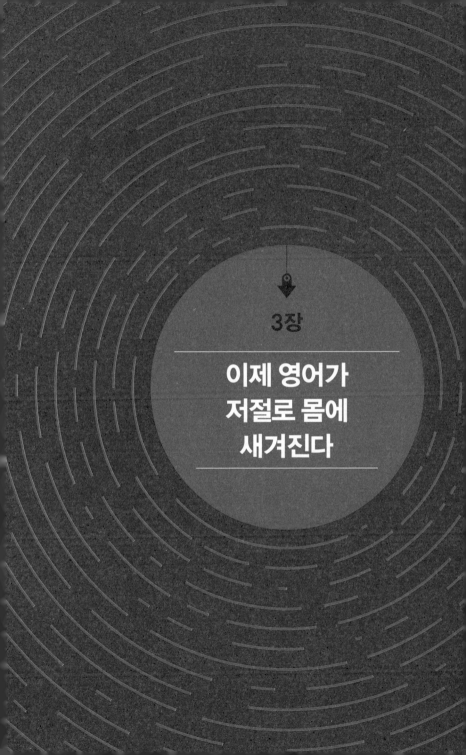

3장

이제 영어가
저절로 몸에
새겨진다

무한반복 학습으로
영어 회화에 머뭇거림이 사라진다

내가 대학 다니던 시절만 해도 독해와 문법 위주로 영어를 배우던 때라 영어 듣기를 하는 사람이 거의 없었다. 하지만 나는 일찍부터 영어 듣기에 관심을 갖고 꾸준히 연습했다. 당시에는 영어 듣기용 콘텐츠로 AFKN(American Forces Korean Network, 주한미군방송) TV만 한 것이 없었다. AFKN 라디오는 영어보다 팝송을 더 많이 들려줬기 때문에 영어 듣기 목적으로는 TV 쪽이 더 나았다. 하지만 하루 종일 TV 앞에 있을 수 없다는 것이 문제였다. 이런저런 시도 끝에 FM 라디오 수신 주파수 범위를 바꾸도록 개조하여 AFKN TV 소리를 잡는 데 성공했다. 이렇게 개조한 라디오에 이어폰을 꽂고 하루 종일 들었다.

대학 2학년 때는 ALA(AFKN Listening Association, AFKN 대본을 작성하여 각 학교 회원에 배포하는 활동을 하는 대학 연합 동아리) 편집 1부장으로 활동하면서 영어 듣기를 나름 열심히 훈련했다. 이렇게 영어 공부를 꾸준히 했기 때문에 미국으로 포스트닥을 떠날 당시에는 영어에 나름 자신이 있었다. 하지만 미국 땅에 도착한지 얼마 못 되어 뼈저리게 깨달았다. 내 영어 실력은 옆집 사는 다섯 살 배기 수준도 못 된다는 사실을 말이다. 다섯 살짜리 꼬마도 어른 말을 곧장 이해하고 막힘없이 자기 의사를 표현하는데, 나는 간단한 회화를 할 때조차 머뭇거리고 더듬었다.

다시 원점으로 돌아온 기분이었다. 그때부터 새로운 마음가짐으로 다시 영어 공부를 시작했다. 우선 '닥터 위콤'이라는 어학기를 구입했다. 구간 반복 재생 기능이 있어 어학용으로 당시 꽤 인기 있던 기계다. 영어 뉴스를 녹음한 테이프를 이 기계로 반복해 듣고 또 들었다. 기계 몇 대를 갈아치울 정도로 반복 듣기를 했더니 드디어 영어로 말문이 열리는 느낌이었다. 영어로 대화하거나 강연할 때 한국어 회로를 거치지 않고 처음부터 영어로 생각하고 말하는 일이 가능해졌다. 꿈도 영어로 꿀 정도였다.

이 경험을 바탕으로 나는 영어란 달달 외우고 공부하는 것이 아니라 자전거나 수영을 배울 때처럼 몸에 배게 해야 한다는 것을 알게 되었다. 또 그런 암묵기억을 발달시키려면 무한 반복 학습이 가장 효과적이라는 사실도 깨달았다.

지금은 IT 기술이 발달하여 예전보다 영어 공부를 하기가 한결 수월해졌다. 누구라도 마음만 먹으면 자기 실력과 흥미에 맞는 영어 학습 콘텐츠를 컴퓨터나 휴대전화를 통해 무료 또는 유료로 구할 수 있다. 무엇보다 반가운 기술은 소리 파일에서 원하는 구간을 설정만 하면 이를 무한 반복 재생해주는 앱이다. 닥터 위콤에 테이프를 넣고 늘어질 때까지 반복해 듣고 또 듣던 시절도 있었는데, 그야말로 격세지감을 느낀다.

이 무한반복 앱을 활용하여 암묵기억을 발달시키는 영어 공부 방법을 '무한반복 학습법'이라고 부르기로 하자. 영어 말하기의 암묵기억을 형성하는 데 이보다 더 효율적인 방법은 없다고 자신할 만큼 이 무한반복 학습을 강력히 추천한다. 지금부터 무한반복 학습의 구체적인 방법을 소개한다.

저절로 영어에 몰입되는
무한반복 학습 9단계

1. 무한반복에 활용할 소리 파일을 구한다

반복해 들을 소리 파일을 구한다. 앞서 소개한 '유튜브 채널 찾는 법'(101쪽)을 참고해도 좋고, 평소 즐겨 듣던 영어 스토리도 좋다. 단, 동영상의 경우에는 반드시 소리 파일을 구할 수 있어야 한다. 흥미를 자극하는 내용, 100개 문장 정도의 길이면 무엇이라도 무한반복 학습에 활용 가능하다. 영어회화에 익숙하지 않은 초보자라면 한 문장이 다섯 단어 이내인, 어린이용 스토리 동영상부터 시작한다.

2. 소리 파일의 내용과 의미를 파악한다

알아듣지도 못하는 영어를 1년 내내 들어봤자 실력 향상에는 별 도움이 되지 않는다. 암묵기억을 형성하려면 일단 무슨 말인지 이해해야 한다. 따라서 적당한 소리 파일을 구한 뒤에는 먼저 의미를 파악하기 위해 반복해 들어야 한다. 동영상 파일이라면 영어 자막을 보면서 반복 시청한다.

3. 무한반복 앱을 다운 받는다

아이폰이나 아이패드 사용자라면 '스피터speater'라는 앱을 추천한다. 스피터는 해당 기기에 저장된 음악, 팟캐스트, 영화 등의 파일로 어학연습을 할 수 있는 구간반복 재생 앱이다. 자동으로 구간을 지정해 원하는 횟수만큼 반복 재생해주는 음성 구간 인식 기능이 있어서 일일이 구간을 지정하는 번거로움을 피할 수 있다. 사용자가 구간 길이를 조정할 수도 있다. 다섯 단어 이내로 반복해 듣고 싶으면 구간 길이를 1초나 2초로 설정하고, 더 길게 듣고 싶으면 3초나 4초로 설정하면 된다. 이외 비디오 재생, 자막, 배속재생 등의 기능이 있다. 앱스토어에서 무료와 유료 버전을 구할 수 있다.

안드로이드 사용자에게는 구글 플레이스토어의 무료앱

'클론 리플레이어'를 추천한다. 스피터와 마찬가지로 기기에 저장된 소리 파일을 구간 반복 재생하고, 음성 구간 인식 및 비디오 재생, 자막, 배속재생 등을 지원한다. 반복 구간을 사용자가 임의로 쉽게 조정할 수 있어 좋지만, 비디오를 재생할 때 소리만 나오고 화면은 나오지 않는다는 단점이 있다.

안드로이드 사용자가 사용할 만한 또 다른 앱으로 'WorkAudioBook'이 있다. 내가 안드로이드 휴대전화를 사용할 때 주로 애용하는 앱이다. 무료 버전도 있지만, 지속적으로 사용하려면 유료 버전을 구매하는 편이 낫다. 여러 면에서 어학 반복 학습기와 비슷한 기능을 갖고 있으며 클론 리플레이어처럼 반복을 원하는 구간을 사용자가 임의로 조정할 수 있다.

4. 각 문장을 5분씩 반복해 듣는다

영어 말하기 능력을 향상시키려면 듣고 따라 하기를 얼마나 반복해야 할까?

반복학습 효과와 몰입도를 높이려면 한 문장을 반복해 듣는 시간을 5분 정도로 잡는 것이 좋다. 한 문장을 5분간 연습하고 다음 문장으로 넘어가는 식으로 에피소드 전체를 12번 반복하면 각 문장을 한 시간씩 연습한 셈이 된다.

만일 자동으로 구간을 나누고 반복 횟수를 지정하는 기능이 있는 스피터와 같은 앱을 사용한다면 한 구간을 50번 또는 100번 반복한 뒤 다음 구간으로 넘어가는 방식으로 학습해도 좋다. 내 경험으로는 집중도가 높을 때는 50번 반복으로 충분하고, 집중도가 낮을 때는 100번 반복하는 것이 좋다. 한 구간을 50번씩 20회 반복, 100번씩 10회 반복해야 총 1,000번 반복한 셈이 된다. 이렇게 1,000번 정도 반복해야 암묵기억이 형성된다.

5. 자투리 시간이 날 때마다 무한반복 앱을 활용한다

일부러 시간을 낼 필요도 없다. 자투리 시간을 활용해 짧으면 5분, 길면 30분 동안 영어 문장을 듣고 따라 한다. 처음에는 다소 지루하고 힘들지만, 몇 번 하다 보면 점차 몰입도가 올라가면서 기분이 고양되고 재미가 느껴질 것이다.

자투리 시간 5분이면 문장 1개, 10분이면 문장 2개를 연습할 수 있다. 퇴근길 버스를 기다리거나 전철로 이동할 때, 화장실에 앉아있을 때, 잠들기 전에 짬짬이 무한반복 앱을 활용하여 영어 문장을 듣고 따라 한다.

6. 원어민 발음을 앵무새처럼 따라 한다

원어민의 발음은 물론 억양과 강세, 빠르기까지 모든 것을 똑같이 따라 한다는 기분으로 해야 한다. 처음에는 원어민 발음을 듣는 동시에 따라 하다가 점차 익숙해지면 원어민 발음을 끝까지 다 듣고 따라 한다. 우리말에는 강세나 억양이라는 개념이 없어서 원어민 발음을 따라 할 때 강세나 억양을 약화시키는 경향이 있다. 따라서 조금 과하다 싶을 정도로 강세나 억양을 세게 넣어 발음하는 습관을 들이는 것이 좋다. 그래야 발음이 원어민과 비슷해지고 듣기 능력도 발달한다.

원어민 발음을 따라 하거나 집중해 듣지 않고 그냥 흘려만 들어도 학습 효과는 어느 정도 있다. 그러나 듣기만 할 때보다는 마음속으로 따라 할 때, 또 마음속으로 따라 할 때보다는 입으로 소리 내어 따라 할 때 몰입이 더 잘 되고 학습 효과도 커진다. 양치질이나 식사할 때처럼 소리 내어 따라 할 수 없는 상황이면 마음속으로만 따라 해도 상관없다.

7. 한 에피소드를 100시간 듣되, 여러 에피소드를 번갈아 연습한다

100문장으로 이루어진 에피소드의 각 문장을 한 번에 5분씩 연습하면 총 500분이 걸리고, 각 문장을 1시간 연습하면 총

100시간이 걸린다. 연속해서 같은 에피소드를 100시간씩 연습하면 지루함을 느끼기 쉬우므로 하나의 에피소드를 25시간(또는 1,500분), 즉 3번 반복해 연습하고, 다른 에피소드로 넘어가는 방식으로 하는 것이 좋다. 이렇게 4번 반복하면 결국 한 에피소드를 총 100시간 연습한 셈이 된다. 시간 간격을 두고 반복해 연습하면 우리 뇌가 지루함을 덜 느낄 뿐 아니라 학습 효과도 더 좋아진다.

8. 무한반복 1,000시간이면 영어 말문이 트인다

앞서 소개한 대로 한 에피소드를 12번 반복하는 데 총 100시간이 걸린다. 이런 식으로 200시간을 연습하면 영어로 말할 때 필요한 단어가 저절로 머릿속에서 떠오른다는 느낌을 받을 것이다. 또한 영어로 말하는 부담감도 확연하게 줄어든다. 그러나 200시간 연습으로는 부족하다. 아이가 생후 5년간 모국어에 2만 시간 가까이 노출된다는 사실을 떠올려보자. 무한반복 200시간으로는 미국 4~5세 아이만큼 영어를 자유자재로 구사하기 어렵다. 이러한 방식으로 1,000시간은 연습해야 원어민과 간단한 대화를 나눌 수 있다.

9. 긴 문장은 쪼개서, 짧은 문장은 묶어서 연습한다

문장이 길면 듣고 따라 하기가 쉽지 않다. 영어회화에 익숙하지 않은 초보자는 처음 500시간은 다섯 단어 이내의 짧은 문장을 연습하고, 나머지 500시간은 열 단어 이내 문장에 도전한다.

간혹 열 단어 이상인 긴 문장이 나오면 5분이 아니라 10분 동안 반복하되, 절 단위로 쪼개 각각을 20~30번씩 반복한다. 긴 문장을 절 단위로 쪼개는 이유는 문장이 너무 길면 따라 하기 쉽지 않고 암묵기억 효과도 떨어지기 때문이다. 또한 실제 대화에서 이 긴 문장을 통째로 고스란히 활용할 일도 없다. 그러나 구나 절은 상황과 문맥에 따라 단어만 바꾸어 요긴하게 활용된다.

이렇게 각 절을 충분히 연습한 뒤에 전체 문장을 연습하면 따라 하기가 한결 쉬워진다. 절을 만드는 연습을 할 수 있을 뿐 아니라 여러 개의 절로 연결된 문장 구조에도 익숙해진다.

반면 두세 단어로 이루어진 짧은 문장이 연달아 이어지는 경우에는 문장 몇 개를 1개 단위로 묶어 연습한다.

무한반복을 통한 듣기 훈련 속성 코스: 반복해 듣고 받아쓰기

원어민이 읽어주는 이야기책을 반복해 듣는 방식으로 영어 듣기 능력을 향상시키려면 많은 시간이 필요하다. 속성으로 듣기 능력을 향상시키고 싶은 이들을 위해 강도 높은 듣기 훈련 방법을 소개한다. 무한반복 앱을 사용하여 원어민이 읽어 주는 이야기책이나 뉴스, 미드의 일정 구간을 반복해 들으면서 받아쓰기를 하는 방법이다. 반복해 듣고 영어로 받아쓰기를 한 다음 실제 대본과 맞추어 보는 것이다.

적절한 난이도의 원어민 대사를 반복해 듣고 받아쓰기를 하는 과정은 그 자체로 몰입도를 올리는 데 도움이 된다. 몰입의 3요소인 명확한 목표, 빠른 피드백, 난이도와 실력의 균형을 충족하기 때문이다.

간혹 몇 번을 반복해 들어도 무슨 말인지 몰라 받아쓰기를 못하는 경우도 있다. 특히 미드를 듣고 받아쓰기를 할 때 이런 경우가 생긴다. 처음 듣는 단어라면 당연히 그렇겠지만, 잘 아는 단어도 연음으로 발음되면 알아듣기가 힘들다. 이렇게 알아듣기 어려운 연음은 집중적으로 반복해 듣고 따라 해서 익숙하게 만들어야 한다.

무한반복을 활용한
영단어 암기법

영단어와 숙어는 듣기와 읽기를 충분히 하는 동안 저절로 습득하는 것이 가장 바람직하다. 만일 듣기와 읽기가 충분하지 않은 상황에서 영단어와 숙어를 보충해야 한다면 무한반복 앱을 활용해보자. 무한반복 앱으로 영단어와 숙어를 외우면 반복 행위로 몰입도가 단시간에 올라간다. 따라서 공부하러 책상 앞에 앉기가 어려울 때, 몰입 장벽으로 집중이 잘 안 될 때, 자투리 시간을 낭비하지 않고 알차게 활용하고 싶을 때 이 방법을 활용하면 몰입도를 쉽게 올리고 학습 효율도 높일 수 있다.

1. 암기의 핵심은 반복이다

암기하려면 반복해야 한다. 적당한 간격을 두고 다시 반복하면 더욱 효과적이다. 독일의 심리학자, 헤르만 에빙하우스 Hermann Ebbinghaus는 망각곡선이론을 통해 우리 뇌가 학습한 내용을 어떻게 망각하고 기억하는지 설명했다. 그에 따르면 우리 뇌는 학습 10분 후부터 망각하기 시작해 하루가 지나면 학습 내용의 70퍼센트를, 한 달이 지나면 80퍼센트를 망각한다고 한다. 그러나 학습한 내용을 반복해서 복습하면 꽤 오래 기억할 수 있다. 10분 후 복습하면 하루 동안 기억하고, 이튿날 복습하면 일주일, 일주일 후 복습하면 한 달, 한 달 후 복습하면 6개월 동안 기억한다는 것이다. 따라서 기억을 잘하려면 이처럼 시간 간격을 두고 주기적으로 4회에 걸쳐 반복하는 것이 가장 효과적이다.

2. 단어 어원을 알면 암기가 쉬워진다

영단어 대다수는 그리스어에서 유래했다. 한자를 알면 우리말 단어 뜻을 쉽게 유추할 수 있는 것처럼 영어 역시 그리스어 어원을 알면 뜻을 유추하고 암기하는 데 큰 도움이 된다. 예를 들어 'prologue'라는 단어는 '앞' 혹은 '~전에' 라는 의미의 접두사 'pro'와 '말'이라는 의미의 'logue'가 합해져 '앞에 하는 말' 즉 '서문'이라는 의미로 쓰인다.

영단어 어원을 잘 정리한 책으로 노먼 루이스Norman Lewis의 《워드 파워 메이드 이지WORD POWER made easy》를 추천한다.

3. 예문과 함께 외운다

단어나 숙어를 외울 때 번거롭더라도 예문을 한두 개 정도 함께 외우는 것이 좋다. 언뜻 생각하면 단어만 외우는 것이 편하고 효과적일 것 같지만, 예문으로 외운 단어가 그렇지 않은 단어보다 기억에 더 오래 남는다. 또한 예문과 함께 외워야 단어가 어떻게 활용되는지도 더 잘 파악할 수 있다.

4. 발음기호를 보지 말고 원어민 발음을 듣는다

인터넷 사전이나 전자사전은 발음 듣기 기능을 지원한다. 인터넷 사전의 발음 또는 원어민 발음을 따로 녹음한 파일을 틈날 때마다 반복해 듣고 따라 하자.

5. 복습할 때는 기억을 인출하려는 노력을 한다

가령 외우고자 하는 단어가 300개라면 한 단어에 1분 정도

할애하여 발음을 따라 하고 예문도 외운다. 그러면 1시간에 단어 50개 정도를 외울 수 있고, 단어 300개를 모두 끝내는 데는 6시간 정도 걸린다.

며칠 뒤 단어장을 다시 보되, 단어 뜻 부분을 손으로 가리고서 기억이 잘 나는지 확인한다. 잊어버린 단어는 곧바로 뜻을 보지 말고 예문 첫 단어를 본다. 그래도 기억이 떠오르지 않으면 예문 두 번째 단어, 그래도 떠오르지 않으면 세 번째 단어를 순서대로 본다. 이렇게 기억을 인출하려는 노력을 인위적으로 해야 두뇌가동률과 몰입도가 올라가고 해당 단어를 더 오래 기억하게 된다.

6. 모르는 단어를 체크해 반복해서 외운다

단어 300개 정도를 외우면 며칠 뒤에는 절반 정도를 잊는다. 이 단어들을 체크했다가 며칠 뒤 확인하면 또 절반 정도만 기억날 것이다. 그러면 또 체크한다. 이런 식으로 모르는 단어를 추려낸 다음 무한반복 앱을 활용해 원어민 발음을 듣고 따라 하면서 집중적으로 다시 암기한다. 몇 달 후 다시 이 단어장을 꺼내서 다시 처음부터 확인하고 모르는 단어에 또 체크한다. 이렇게 하면 모르는 단어를 10회 이상, 심지어 20회 이상 반복해서 외우게 되어 거의 완벽하게 암기할 수 있다.

　우리가 암기한 내용이 장기기억으로 저장되었는지 알아보려면 일정 기간이 지난 후에 다시 확인해야 한다. 일정 기간이 지나도 잘 떠오르는 내용은 이미 장기기억으로 저장되었다는 뜻이므로 앞으로도 꽤 오랜 기간 기억할 수 있다. 반면 일정 기간 후에 잘 떠오르지 않는 내용은 다시 집중적으로 외워 장기기억이 형성되도록 해야 한다. 이런 식으로 불완전하게 암기한 내용을 일정 기간이 지난 후 추려서 다시 반복 학습을 하면 매우 효율적으로 암기할 수 있다. 이 방법은 영단어와 숙어 외우기뿐 아니라 암기가 필요한 다른 학습에도 적용할 수 있다.

영어 단어와 문장이
저절로 튀어나온다

무한반복 학습법을 실천하면 영어 듣기와 말하기를 강도 높게 연습할 수 있다. 비싼 비용을 들여 영어회화 강의를 듣거나 어학연수를 가는 것보다 훨씬 효과적이다. 영어회화 강의나 어학연수 등은 원어민과 대화하는 경험을 한다는 의의가 있을 뿐, 어학 실력 향상에는 별 도움이 되지 않는다. 요즘 유행하는 말로 '가성비'가 떨어진다는 뜻이다.

유학이나 이민을 준비하는 사람, 이미 유학이나 이민을 갔는데 영어 듣기와 말하기가 잘 되지 않아 어려움을 겪고 있는 사람, 업무상 해외 출장을 가거나 외국인과 대화를 해야 하는 사람 등에게 특히 이 무한반복 학습법을 추천한다. 몇 주나 몇 달 동안 무한반복 학습법으로 대화에 필요한 단어와 문장을 집중적으로 훈련하면 우리말로 대화하듯 영어 단어와 문장이 저절로 튀어나온다는 느낌을 받을 것이다. 외국인과의 대화도 한결 편안해진다.

특히 유학이나 이민을 간 경우는 영어를 유창하게 구사할 필요성이 절실하게 요구되는 상황이므로 무한반복 학습법의 효과가 매우 강력하다. 연습 효과가 즉각 나타나기 때문에 빠른 피드백으로 인한 선순환이 일어난다.

이렇듯 무한반복 학습법의 효과가 높은 이유는 반복이 몰입을 유도하기 때문이다. 언뜻 생각하면 한 문장을 5분 동안 반복해 들으면 지루해서 몰입도가 떨어질 것 같지만, 실제로 해보면 그렇지 않다.

몰입이란 의식이 산만한 상태(의식의 무질서)에서 고도의 집중(의식의 질서) 상태로 전환되는 것이다. 의식이 고도의 집중 상태가 될 수 있는 이유는 우리 뇌가 그것을 중요하다고 간주하기 때문이다. 우리 뇌는 과연 어떤 기준으로 중요도를 판단할까? 이것이 바로 몰입을 이해하는 핵심이다.

우리 뇌는 낮에 오감을 통해 들어온 수많은 정보를 일단 단기기억에 저장했다가 중요한 것을 선별해 장기기억으로 보낸다. 노벨 생리의학상 수상자, 에릭 캔들Eric Kandel 교수에 따르면 뇌는 자극적이고 반복적인 정보를 중요한 것으로 판단한다고 한다. 무한반복 학습법은 자극의 강도는 낮아도 동일한 자극을 반복함으로써 시냅스 발화를 활발하게 하고 몰입도를 올린다.

무한반복 학습으로 몰입 장벽이 낮아진다

공부에 몰입하려면 시험이 코앞이라거나 하는 외적 동기나 강력한 내적 동기가 있어야 한다. 동기가 충분한 경우에도 책상에 앉아 곧바로 몰입하는 사람은 드물다. 대개는 발동이 걸리기까지 시간이 필요하다. 몰입 장벽을 넘기가 힘들기 때문이다. 공부든 업무든 일단 시작하면 몰입이 되지만, 언제나 시작이 어렵다. 이럴 때 무한반복을 활용하면 몰입 장벽을 쉽게 넘고 짧은 시간에 몰입도를 쭉 올릴 수 있다. 무한반복을 30분 정도 하면 반복으로 인해 뇌가 각성하여 필요한 만큼 몰입도가 올라가고, 공부나 업무를 시작할 수 있게 된다.

무한반복 학습법을 시작하면 반복이 뇌를 활성화한다는 말을 실감하게 될 것이다. 오전에는 커피를 여러 잔 마셔도 뇌가 깨어나지 않는 느낌이 들곤 하는데, 등굣길이나 출근길에 무한반복 앱을 활용하면 뇌가 활성화하여 의욕이 생기고 오전 학업이나 업무에 집중하기가 한결 쉬워진다.

영어가 내 삶의 일부가 되는
놀라운 변화가 시작된다

무한반복 학습법의 또 다른 장점은 자투리 시간을 효율적으로 활용한다는 것이다. 자투리 시간 5분이면 한 문장, 10분이면 두 문장을 연습할 수 있다. 공부와는 달리 무한반복은 몰입 장벽이 없기 때문에 약간의 짬만 나도 온전히 영어 학습에 활용할 수 있다.

현대인은 '타임 푸어time poor'로 불릴 만큼 늘 시간에 쫓겨 산다. 자신이 학업이나 일로 너무 바쁜 '타임 푸어'라고 생각한다면 지금부터 24시간 동안 시간일지를 써 보길 바란다. 하루를 어떻게 보냈는지 1분 단위까지 기록해보면 의외로 자투리 시간이 많다는 사실을 알게 될 것이다. 아무리 시간이 없다, 없다 해도 이동하고 기다리고 화장실 다녀오는 등의 자투리 시간을 다 모으면 하루에 2시간은 너끈히 된다. 영어 공부에 따로 시간을 내지 말고 이 자투리 시간을 이용하여 꼬박 1년만 무한반복 학습을 하면 장담컨대 1년짜리 어학연수보다 훨씬 큰 효과를 볼 수 있다.

무한반복 학습은 영어 학습뿐 아니라 가벼운 불안을 없애는 데도 효과가 있다. 뇌는 자극이 없는 무료한 상황이 오면 걱정을 하거나 부정적인 생각을 하도록 진화했다. 그것이 생존에 유리하기 때문이다. 사슴은 늘 불안해하면서 두리번거려야 살아남는다. 우리가 지루함을 참지 못하고 무언가에 자꾸만 빠지는 이유도 불안감을 떨치기 위해서다. 무한반복 학습은 반복으로 몰입을 유도함으로써 잡념이 비집고 들어올 틈을 주지 않고 긍정적인 상태를 만든다. 스님이 목탁을 두드리면서 반복적으로 외는 염불, 천주교 신자의 묵주기도와 비슷한 효과를 내는 것이다.

무한반복 앱은 불면증이 있는 사람에게도 유용하다. 나는 밤에 잠이 잘 안 오면 몰입하고 있는 주제에 대해 생각하고, 그런 주제가 없으면 무한반복 앱을 틀어놓는다. 음량을 최소로 줄이고 휴대전화를 귀에 가까이 대면 다른 사람의 잠을 방해하지 않으면서 무한반복 앱을 들을 수 있다. 그런 상태로 조금만 있으면 놀랄 만큼 잠이 잘 온다.

불면증이 괴로운 이유는 이유 없이 불안감이 엄습한다는 것인데, 무한반복 앱을 활용하면 이러한 불안감이 사라진다. 또 잠들지 못한 시간을 나름 유용하게 보냈기 때문에 스트레스도 거의 없다.

지금까지 무한반복 학습법의 여러 장점을 살펴보았다. 무한반복 학습법을 처음 접하는 사람들은 자투리 시간에 영어 듣기를 한다는 자체를 매우 부담스러워한다. 그러나 앞서 누누이 강조한 대로 무한반복은 지루하기는커녕 몰입도를 올려 오히려 재미를 느끼게 한다. 장담컨대 무한반복 학습은 영어 듣기와 말하기 실력을 단기간에 향상시킬 뿐 아니라 재미까지 느끼게 하는, 매우 효과적인 영어 학습법이다.

무한반복 학습을 통해 영어 말하기와 듣기에 대한 암묵기억이 충분히 발달하면 이후부터 놀라운 경험을 하게 된다. 내게 필요한 영어 자료를 아무런 부담 없이 활용하게 되고, 미드를 자막 없이 시청하거나 원어민과 대화하는 데도 전혀 어려움을 느끼지 않게 된다. 영어가 내 삶의 일부가 된다는 것은 내 일상이 완전히 달라진다는 것을 의미한다. 무한반복 학습법으로 이런 놀라운 변화를 경험하는 사람이 많아지길 기대한다.

처음 영어를 배우는 아이들을 위한 7단계 학습법

영어를 한 번도 배우지 않은 유치원생이나 초등생에게 암묵기억 위주로 듣기, 말하기를 가르치는 구체적인 7단계 방법을 알아보자.

1단계: 처음에는 한글 자막이 있는 영상으로 시작하라

아이들은 재미없는 일은 좀처럼 하지 않으려고 한다. 따라서 아이가 흥미를 가질 만한 영어 학습용 동영상을 구하는 것이 가장 중요하다. 유아나 어린이를 위한 학습용 애니메이션을 골라 이를 반복 시청하도록 유도한다. 그림 등을 보여주면서 해당 영어 단어를 원어민 발음으로 들려주는 동영상이 적합할 것이다. 아이들은 거울뉴런이 발달했기 때문에 자기도 모르게 동영상 등장인물의 말을 따라 하는 경향이 있다.

동영상에 알파벳이 나와도 가르치지 않는다. 그러나 아이가 영어 발음의 뜻은 이해해야 하므로 한글 자막은 있어야 한다(아이가 한글을 모르거나 한글 자막이 없으면 부모가 해설해준다). 아이가 동영상 내용을 완전히 이해한 뒤에는 한글 자막을 없앤다.

이 단계에서는 쉬운 동영상을 반복 시청함으로써 내용을 파악하는 것이 목표다. 내용을 이해하면서 동영상을 반복 시청하면 영어를 읽을 줄 몰라도 원어민의 발음만으로 단어, 구, 문장의 뜻을 익힐 수 있다.

2단계: 발음을 수십 회 반복하게 하라

아이가 동영상 내용을 완전히 알아듣는 단계가 되면 발음을 반복해 따라 하게 한다. 이를 위해 동영상의 소리 파일을 준비해야 한다.

이 단계에서 아이가 지루해할 수 있지만, 이 장벽을 잘 넘기면 몰입 효과가 나타난다. 한 단어를 수십 회 반복해 따라

하게 한 뒤 다음 단어로 넘어가는 식으로 진행한다. 이렇게 동영상 하나를 마쳤는데도 아이가 크게 지루해하지 않으면 다시 반복한다. 아이가 지루해하면 비슷한 수준의 다른 동영상으로 넘어가 1번과 2번 과정을 시행한다. 학습효과를 위해서는 반복이 최고다. 아이가 지루해하지 않는 한 반복은 많이 하면 할수록 좋다. 이런 학습을 200시간 정도 한 뒤 3번 과정으로 넘어간다.

3단계: 2~3단어로 이루어진 문장 영상을 반복 시청하게 하라

이제 조금씩 단어의 수를 늘려나간다. 2~3단어로 이루어진 문장이 나오는 동영상을 1번, 2번 방법으로 학습시킨다. 서로 묻고 대답하는 대화 형식의 동영상이면 더 좋다. 이 과정을 200시간 정도 한 뒤 4번 과정으로 넘어간다.

4단계: 5단어 이내의 문장 영상을 반복 시청하게 하라

3번의 학습이 끝났다면 이제 다시 단어의 수를 늘려 5단어 이내로 이루어진 문장이 나오는 동영상을 1번, 2번 방법으로 학습시킨다. 이 과정을 200시간 정도 한 뒤 5번 과정으로 넘어간다.

5단계: 10단어 이내의 문장 영상을 반복 시청하게 하라

이제 10단어 이내로 이루어진 문장이 나오는 동영상을 1번, 2번 방법으로 학습시킨다. 이 과정을 200시간 정도 한다.

북유럽 초등학생이 영어 몰입 학습을 통해 영어에 노출되는 시간은 500시간, 집에서도 영어 학습을 300시간 더 한다고 가정하면 총 800시간이다. 5번 과정까지 마쳤다면 영어 듣고 따라 하기를 총 800시간 정도 한 셈이므로 우리 아이도 북유럽 초등학생들과 비슷한 영어 실력을 갖췄다고 보면 된다.

6단계: 아이가 흥미를 보이는 스토리 영상을 찾아라

이때부터는 아이가 즐길 만한 영어 스토리 동영상을 보여준다. 이 과정에서 듣기 및 직청직해 능력이 형성되므로 스토리 동영상은 많이 보여줄수록 좋다.

7단계: 이제 유튜브 영상을 활용해 직독직해를 연습하게 하라

영어 듣기와 말하기가 자연스러워지면 읽기와 쓰기를 가르친다. 학교에서 가르치는 방식을 따르되 쉬운 글을 최대한 많이 읽게 한다. 이때 한글로 해석하는 과정 없이 영어를 읽는 동시에 이해하는 습관을 들여야 한다. 앞서 듣기 · 말하기 훈련을 충분히 했으므로 대개는 별 문제 없이 직독직해를 할 수 있을 것이다. 영어 듣기와 마찬가지로 영어 읽기도 많이 할수록 좋다.

이 단계부터는 영어를 공부시킨다는 마음을 버리고 아이가 영어를 다양한 경로로 즐길 기회를 준다. 영어로 진행하는 TV 프로그램이나 유튜브 동영상 등을 다채롭게 보여주고 흥미있는 영어책을 읽도록 유도한다. 단, 아이가 이해할 수 있는 내용이어야 한다.

이런 취지에 맞는 유튜브 채널 하나를 소개한다.

• 이준행
youtube.com/user/LeeJunHaeng

이 채널에서는 아이들이 좋아하는 〈겨울왕국〉, 〈쿵푸팬더〉, 〈라푼젤〉, 〈라따뚜이〉와 같은 애니메이션 동영상 30초 분량을 무자막, 영문자막, 한글자막으로 반복해 총 5~7분 동안 보여준다.

막막한 영어 글쓰기, 만만하게 시작하기

글쓰기의 핵심은 틀린 부분을 지적받는 것이다

무한반복을 통해 말하기의 암묵기억이 발달하면 듣기와 읽기뿐 아니라 쓰기에도 도움이 된다. 전달하고자 하는 내용을 영어로 쉽게 말할 수 있으면 당연히 영어로 글을 쓰는 데도 큰 어려움이 없을 것이다. 그러나 말 잘한다고 글까지 잘 쓰는 것은 아니듯이 말하기와 쓰기는 서로 다른 영역이다. 말은 문법이 맞지 않아도 뜻이 대강 통하지만, 글은 철자와 문법에 맞게 써야 한다.

들기 · 말하기의 암묵기억을 발달시키기 위해 아기가 모국어를 배우는 방식을 살펴야 하는 것처럼 글쓰기 능력을 향상시키려면 초등학생이 모국어 쓰기를 배우는 방식을 참고할 필요가 있다. 학습을 통해 읽기에 능숙해진 아이라도 글쓰기를 잘 하기 위해서는 별도로 훈련을 받는다. 받아쓰기로 철자를 익히고, 일기 등 간단한 글을 꾸준히 쓰는 습관을 들인다. 고학년이 되면 특정 주제에 대한 자기 생각을 글로 표현하는 훈련도 받는다.

이 과정에서 중요한 것은 글을 쓴 다음 반드시 교정을 받고 틀린 부분을 수정하는 훈련을 거쳐야 한다는 점이다. 글을 쓴 당사자는 자기 글에서 어디가 맞고 틀렸는지를 잘 모르기 때문에 같은 실수를 반복하는 경향이 있다. 틀린 부분을 정확하게 인지하고 교정해야 비로소 글쓰기 능력이 조금씩 향상한다. 그런 의미에서 글쓰기는 누군가의 도움이 있어야만 '신중하게 계획한 연습'이 가능하다고 할 수 있다.

내가 영작한 글을 일일이 읽어보고 첨삭해줄 원어민이 주변에 있다면 좋겠지만, 현실적으로는 불가능한 일이다. 영어 글쓰기에 도움을 받고 싶다면 인터넷에서 'English writing', 'English writing skill', 'English writing course', 'Academic English writing' 등을 검색해보자. 관련 정보를 유료 또는 무료로 제공하는 전문 강좌 프로그램을 찾을 수 있을 것이다.

영어 글쓰기를 독학으로 익히는 또 하나의 방법은 동일한 내용을 한글과 영문으로 함께 제공하는 글을 활용하는 것이다. 우선 우리말 부분을 잘 읽고, 이를 영어로 옮겨본 다음 제공된 영어 문장과 비교해보는 것이다. 잘못 옮긴 부분은 대개 문법적인 실수를 했거나, 문법적으로 오류는 없지만 실제 영어에서 잘 사용하지 않는 어색한 표현을 한 경우일 것이다. 이런 부분을 꼼꼼히 체크해 익히면 글쓰기 실력 향상에 큰 도움이 된다.

평범한 미국 중고생은 영작을 할 때 문법 실수를 많이 한다. 심지어 대학생도 그렇다. 문법을 따로 공부하는 게 아니라 글쓰기를 통해 자연스럽게 익히기 때문이다. 그러나 우리는 시험을 대비해 영어 공부를 해왔기 때문에 미국 학생들보다 문법 실수가 오히려 적은 편이다.

미국에서 포스트닥을 할 때 월리라는 미국인의 집에서 방 하나를 빌려 머물렀다. 월리의 딸은 2년제 대학인 커뮤니티 컬리지community college에 다니는 학생이었는데, 대학 작문 숙제에서 번번이 B를 받는다며 속상해했다. 작문 숙제를 살펴보니 작은 문법 실수들이 눈에 띄기에 교정해주었다. 이튿날 그 학생은 처음으로 작문에서 A플러스 점수를 받았다며 신바람이 나서 집에 돌아왔다. 그리고 이후로 간간이 내게 작문 교정을 부탁하곤 했다. 말하기 듣기는 원어민을 따라잡지 못해도 쓰기만큼은 원어민의 작문을 교정해줄 수준이라니 참 아이러니한 일이었다. 시험 대비용 영어 공부를 하면서 열심히 익힌 문법 실력이 영작문에서 위력을 발휘한 것이다.

우리나라에서 영어를 공부한 사람은 영어 문법은 충분히 익혔다고 할 수 있다. 그런데도 우리나라 사람들이 자주 틀리는 문법이나 영어 표현이 있다. 이런 부분을 보완하고 싶다면 코소프스키David Kosofsky의《Common Problems in Korean English》라는 책을 읽어보길 권한다. 이 책은 국내에《한국식 영어의 허점과 오류》라는 제목으로 축역·출판되었다.

쉽고 간결한 것이 좋은 글이다

문법적으로 흠잡을 데 없는 글이라도 잘못된 부분이 있을 수 있다. 문법에만 강한 우리나라 사람들은 이런 부분을 잘 잡아내질 못한다. 이는 영문 특유의 스타일과 관련한 문제다. 그렇다면 영어에서는 어떤 글이 좋은 글일까? 영어를 외국어로 배우는 입장에서는 어떤 글쓰기 스타일을 추구해야 할까?

'그는 머지않아 자기가 한 말을 후회했다'라는 문장을 영어로 옮기면 다음 두 가지가 가능하다.

- It was not long before he was very sorry about what he had said.
- He soon repented his words.

두 문장 모두 문법적으로는 오류가 없다. 그러나 영어에서는 두 번째 문장을 더 선호한다. 간결한 표현이기 때문이다. 동일한 내용을 전달하는 데 첫 번째 문장은 14단어, 두 번째 문장은 5단어를 사용했다. 두 번째 문장이 더 경제적이고 간결할 뿐 아니라 이해하기도 쉽다. 간결한 만큼 오해할 여지가 적고 뜻이 명확하다.

영어 글쓰기에서 가장 중요한 것은 '명확함'이다. 애매한 표현 없이 누가 읽어도 오해하지 않도록 명료해야 한다. 그러려면 간결하고 쉽게 써야 한다.

영어는 요즘과 같은 국제화 시대에 매우 주요한 소통 수단이다. 따라서 누구나 이해할 수 있는 쉬운 영어로 말하고 글쓰는 능력이 점점 더 중요해지고 있다. 예를 들어 국제학회에서 미국인 교수가 영어로 유창하게 발표를 했지만, 비영어권 국가 참석자들은 그의 말을 거의 알아듣지 못했다고 하자. 반면 뒤이어 나온 한국인 교수는 쉬운 영어로 또박또박 발표해서 거의 모든 참석자가 그의 말을 이해했다. 그렇다면 누가 발표를 더 잘한 것일까? 언어가 소통의 도구라는 관점에서 보면 당연히 한국인 교수의 발표가 더 훌륭하다고 할 수 있다.

요즘은 영어권 국가에서도 국제화 시대에 맞게 '쉬운 영어 plain english'를 쓰자는 움직임이 일고 있다. 영어를 외국어로 배우는 입장에서는 어려운 단어를 써서 복잡하고 긴 문장을 구사해야 영어를 잘한다고 생각하기 쉽지만, 사실은 그렇지 않다. 상대에게 내 의사를 빠르고 정확하게 이해시키는 글과 말이 가장 좋은 것이다.

영미권에서 가장 좋은 문체로 꼽히는 사례가 바로 헤밍웨이 Ernest Hemingway의 소설 《노인과 바다The Old Man and the Sea》다. 이 소설은 군더더기 없이 간결하게 메시지를 전달하는 문체로 유명하다. 헤밍웨이는 이 소설로 퓰리처상과 노벨문학상을 받았다. 헤밍웨이가 쓴 〈Advice to a Young Man〉이라는 글에서 'On the art of writing(글쓰기의 기술)'의 일부분을 보자.

Writing plain English is hard work. No one ever learned literature from a textbook. I have never taken a course in writing. I learned to write naturally and on my own. I did not succeed by accident; I succeeded by patient hard work. Verbal dexterity does not make good books. Too many authors are concerned with the style of their writing than with the characters they are writing about.

───── 읽기 쉬운 영어를 쓴다는 것은 어려운 일이다. 교과서에서 문학을 배운 사람은 아무도 없다. 나는 글쓰기에 대한 수업을 수강한 적이 없다. 나는 자연스럽게 스스로 글쓰기를 배웠다. 나는 우연히 성공하지 않았다. 나는 인내심을 갖고 열심히 노력해서 성공을 거두었다. 언변이 좋다고 해서 좋은 책을 쓸 수 있는 것은 아니다. 너무 많은 작가들이 무엇을 쓸지보다는 문체에 신경을 쓴다.

A good writer is wise in his choice of subject, and exhaustive in his accumulation of materials. A good writer must have an irrepressible confidence in himself and in his ideas. Good writers know how to excavate significant facts from masses of information. The toughest thing for a writer is to maintain the vigor and fertility of his imagination. Most writers fail simply because they lack the indispensable qualification of the genuine writer.

───── 훌륭한 작가란 현명하게 주제를 선정하고 온 힘을 기울여 자료를 수집한다. 훌륭한 작가는 남에게 전달하고 싶은 마음을 억누를 수 없을 정도로 자신과 자신의 생각에 강한 확신을 가져야 한다. 훌륭한 작가는 수많은 정보에서 정말로 중요한 사실만을 끄집어낼 수 있어야 한다. 작가로서 가장 힘든 일은 활력과 풍부한 상상력을 계속 유지해야 한다는 것이다. 작가 대부분이 실패하는 이유는 단지 참된 작가라면 반드시 가져야 할 자질이 부족하기 때문이다.

The novel is a kind of battlefield on which a writer fights his eternal struggle between good and evil.

――― 소설이란 작가가 선과 악 사이에서 영원히 사투를 벌이는 일종의 전쟁터다.

이 글은 매우 간결하고 이해하기 쉽다. 불필요한 수식어 없이 메시지를 명확하게 전달한다. 헤밍웨이는 이 글에서 좋은 글을 어떻게 써야 하는지 말하는 동시에 자기 말에 완벽하게 부합하는 문장으로 그 본보기를 보인다.

이번에는 반대 사례를 살펴보자. E. B. 화이트E. B. White와 윌리엄 스트렁크William Strunk가 쓴《영어 글쓰기의 기본The Elements of Style》에 소개된 예문이다.

⟨The Taming of the Shrew⟩ is rather weak in spots. Shakespeare does not portray Katharine as a very admirable character, nor does Bianca remain long in memory as an important character in Shakespeare's works.

이해하기 쉽지 않고, 간결하지도 않은 글이다. 이 글을 다음과 같이 고치면 훨씬 쉽고 명확해진다.

The women in 〈The Taming of the Shrew〉 are unattractive. Katharine is disagreeable, Bianca insignificant.

다음은 란햄 Richard A. Lanham 의 《Revising Prose》에 소개된, 어느 뮤추얼펀드 투자설명서의 한 구절이다.

Maturity and duration management decisions are made in the context of an intermediate maturity orientation. The maturity structure of the portfolio is adjusted in anticipation of cyclical interest rate changes. Such adjustments are not made in an effort to capture short term, day-to-day movements in the market, but instead are implemented in anticipation of the longer term secular shifts in the levels of interest rates. (i.e. shifts transcending and/or inherent in the business cycle.

투자의 귀재, 워렌 버핏Warren Buffett은 일반 투자자들이 쉽게 이해할 수 있도록 이 글을 다시 써달라는 부탁을 받고 이렇게 수정했다.

We will try to profit by correctly predicting future interest rates. When we have no strong opinion, we will generally hold intermediate term bonds.

글을 쉽고 명료하게 쓰기 위해서는 구성에 대해 고민할 필요가 있다. 구체적인 독자층을 염두에 두고, 이들에게 나의 메시지를 잘 전달하려면 어떤 방식과 순서를 따라야 할지 깊이 생각해야 한다. 그리고 이러한 구성에 대한 고민이 글쓰기 습관으로 굳어져야 한다.

구성이 끝나고 본격적으로 글을 쓰는 단계에서 잘 써야 한다는 부담감이 크면 오히려 글을 딱딱하고 어렵게 쓰게 된다. 이럴 때는 글을 쓴다기보다 독자에게 말을 건넨다는 기분으로 가볍게 시작해보자. 그래야 쓰기에도 쉽고 읽기에도 좋은 글이 나온다.

간결하고 명확한 글을 쓰는 9가지 방법

국내 출간된 책들 중 스티븐 킹Stephen King의 《유혹하는 글쓰기On Writing: A Memoir of the Craft》, 나탈리 골드버그Natalie Goldberg의 《뼛속까지 내려가서 써라Writing Down the Bones: Freeing the Writer Within》, 앤 라모트Anne Lamott의 《글쓰기 수업Bird by Bird: Some Instructions on Writing and Life》, 나카야마 유키코Yukiko Nakayama의 《영어는 3단어로》 등의 책을 읽어보길 추천한다. 간결하고 명확한 글을 쓰는 데 도움을 주는 책들이다. 지금은 절판되었지만 존 브로건John Brogan의 《Clear Technical Writing》도 많은 도움이 되었다.

이 책들은 영어로 글을 잘 쓰려면 불필요한 반복 표현을 줄이고, 장황한 부연설명을 빼고, 핵심에 집중하여 간단하고 명확하며 쉽게 쓰라고 충고한다. 이 책들에서 말하는 핵심 내용을 간추리면 다음과 같다.

1. 단어나 구절의 불필요한 중복을 피한다

우리가 흔히 쓰는 '역전(驛前) 앞'이라는 단어는 사실 '역전' 또는 '역 앞'이라고 해야 맞다. 이처럼 영어 글쓰기를 할 때도 중복되는 말을 습관적으로 끼워 넣는 경우가 종종 있다. 시간을 나타내는 "time of", "and", "during the period", "time", "a duration of", "in duration" 등이나 양을 나타내는 "a total of", "the amount of", "a minimum of" 등은 되도록 쓰지 않는 것이 좋다. 이런 불필요한 단어나 구를 사용하지 않으면 다음과 같은 간결한 문장이 된다.

- She has the allowed time of thirty minutes for solving the question.

⇨ She has the allowed thirty minutes for solving the question.

- Tom first cried, and then laughed.

⇨ Tom first cried, then laughed.

- The World IT Show continued for a duration of one week.

⇨ The World IT Show continued for one week.

- During periods of the Christmas vacation he visits his parents.

⇨ During the Christmas vacation he visits his parents.

- I have **a total of** five blue jackets.

⇨ I have five blue jackets.

- He has sufficient **quantity of** money for the research.

⇨ He has sufficient money for the research.

- This table is small **in size.**

⇨ This table is small.

- The sky is blue **in color.**

⇨ The sky is blue.

- This is heavier than that **in weight.**

⇨ This is heavier than that.

- They turned around **in a** clockwise **direction.**

⇨ They turned around clockwise.

- The institute started the demographic analysis **effort** of Korea.

⇨ The institute started the demographic analysis of Korea.

- He examined the fluttering **action** of butterflies.

⇨ He examined the fluttering of butterflies.

- He asked **the question as to** whether she liked it **or not.**

⇨ He asked whether she liked it.

• Coal is used for fuel **purposes.**

⇨ Coal is used for fuel.

• He **is a man who** did it.

⇨ He did it.

• They finished it in a hasty manner.

⇨ They finished it hastily.

• **The reason why** the child cried **is that** he was hungry.

⇨ The child cried because he was hungry.

• **In order** to lose his weight, he skips breakfast.

⇨ To lose his weight, he skips breakfast.

• **The results of** our research show that global warming is a real problem.

⇨ Our research shows that global warming is a real problem.

• The company announced **the fact** that its president was newly appointed.

⇨ The company announced that its president was newly appointed.

- **Both of** the parents are proud of him.

⇨ The parents are proud of him.

- The housing survey **has been progressing and** is now 90 percent finished.

⇨ The housing survey is now 90 percent finished.

- I bought a desktop computer at the store **located** in front of the station.

⇨ I bought a desktop computer at the store in front of the station.

- I recorded his speech by **using** the voice recorder.

⇨ I recorded his speech by the voice recorder.

- **The use of** computer technology makes our lives convenient.

⇨ Computer technology makes our lives convenient.

- Electricity is produced by **means of** a generator.

⇨ Electricity is produced by a generator.

2. 되도록 능동태를 사용한다

수동태보다는 능동태를 사용해야 간결하고 이해하기 쉬운

문장이 된다. 다음의 예문을 참고하자.

- Batteries are needed for the clock.

⇨ The clock needs batteries.

- The boy was kissed by the girl.

⇨ The girl kissed the boy.

- My first love will always be remembered by me.

⇨ I shall always remember my first love.

- You will be told.

⇨ We will tell you.

- Population density of Asian countries are summarized in Table 1.

⇨ Table 1 summarizes the population density of Asian countries.

- Cars were stopped by the police.

⇨ The police stopped cars.

- Seven articles were cited in the book.

⇨ The book cited seven articles.

- In each chapter the answers were provided.

⇨ Each chapter provided the answers.

그러나 아래 문장처럼 목적어를 강조할 때는 수동태를 쓰는 것이 좋다.

Thousands of soldiers were killed by the enemy at the battle.

직설적이지 않은, 부드러운 표현을 하고자 할 때도 수동태를 쓸 수 있다.

- You have not paid this bill.
⇨ This bill has not been paid.
- You should brush your teeth.
⇨ Your teeth should be brushed.

능동태의 주어가 애매한 경우에도 수동태를 사용할 수 있다.

- Somebody stole the money.

⇨ The money was stolen.

• People use normally wood for a fence.

⇨ Wood is normally used for a fence.

3. 명사보다는 동사를 사용한다

• She made a **choice** of it.

⇨ She **chose** it.

• I am a math **teacher** at high school.

⇨ I **teach** math at high school.

• We had a **discussion** about the matter.

⇨ We **discussed** the matter.

• Susan is a portrait **painter**.

⇨ Susan **paints** a portrait.

• **Contribution** of the artist will **be** enormous.

⇨ The artist will contribute enormously.

• One way to improve your writing is to use strong verbs.

⇨ Using stronger verbs can improve your writing.

• The bridge **makes connections** with the old city.

⇨ The bridge connects with the old city.

• Relocation of the position will be made.

⇨ The position will be relocated.

• The earthquake made the window shake.

⇨ The earthquake shook the window.

• The officer did an inspection of the car.

⇨ The officer inspected the car.

• Test of the sewing machine was done by the supervisor.

⇨ The supervisor tested the sewing machine.

• It is my opinion that everybody should attend the seminar.

⇨ I think that everybody should attend the seminar.

4. 형용사나 부사보다는 명사와 동사로 의미를 전달한다

• He said loudly.

⇨ He shouted.

• She weeps with tears in her eyes.

⇨ She tears.

5. 애매하거나 불명확한 표현을 피한다

- He had three publications.

⇨ He published three books.

- The homework should be submitted soon.

⇨ The homework should be submitted before 15 July 2018.

- They made films.

⇨ They deposited films.

- A period of unfavorable weather set in.

⇨ It rained for two weeks.

- He showed satisfactions as he took possession of his well-earned reward.

⇨ He grinned as he pocketed the coin.

- In proportion as the manners, customs, and amusements of a nation are cruel and barbarous, the regulations of its penal code will be severe.

⇨ In proportional as men delight in battles, bullfights, and combats of gladiators, will they punish by hanging, burning, and the rack.

6. 되도록 긍정문을 사용한다

- She was not on time.

⇨ She came late.

- He did not think that studying math was worthy of his time.

⇨ He thought the study of math worthless.

- I didn't remember whom I met last night.

⇨ I forgot whom I met last night.

7. 문장 형식의 통일성을 지킨다(Parallelism)

- His new invention saves time, increases profitability, and worker satisfaction.

⇨ His new invention saves time, increases profitability, and increases worker satisfaction.

- Formerly, science was taught by the textbook method, while now the laboratory method is employed.

⇨ Formerly, science was taught by the textbook method; now it is taught by the laboratory method.

- This money is for your house. You must tell us who lives in your home.

⇨ This money is for your house. You must tell us who lives in your house.

- It was both a long ceremony and very tedious.

⇨ The ceremony was both long and tedious.

- The movie starts at 11:00 am and ends at 14:00.

⇨ The movie starts at 11:00 am and ends at 2 pm.

⇨ The movie starts at 11:00 and ends at 14:00.

- My objections are, first, the injustice of the measure; second, that it is unconstitutional.

⇨ My objections are, first, that the measure is unjust; second, that it is unconstitutional.

8. 긴 문장을 피한다

문장은 짧은 것이 바람직하다. 그러나 모든 문장이 짧으면 글 전체가 단조로워질 수 있으므로 긴 문장과 적절히 섞는 것이 좋다. 문장 길이는 평균적으로 15~20단어가 되도록 한다.

짧은 문장으로 단조롭지 않은 글을 쓰는 방법에 관한 좋은 사례가 있어 소개한다. 다음은 영국의 교육 단체 Oxford Royale Academy의 홈페이지에 실린 '8 Easy Ways to Improve Your Writing Style'이라는 글의 일부다.

I got up at seven this morning. Then I had some breakfast. Then I walked to school. Then, I had Maths. I don't like Maths. Then I had English.

짧은 문장을 나란히 붙여놓으면 이처럼 유치하고 단조로운 글이 된다. 접속사 등을 적절히 사용하면 초등학생 수준의 이 글을 다음과 같이 간결하면서도 단조롭지 않게 바꿀 수 있다.

I got up at seven this morning. After I had some breakfast, I walked to school. I had Maths, which I don't like, then English.

몰입 영어 실천편

단 한 번의 암기로 평생 기억에 남는
몰입 영어 학습법

지금까지 영어는 암묵기억으로 학습해야 하며,
듣기·말하기부터 시작해야 암묵기억 회로를 발달시킬 수 있다는 것을 설명했습니다.
그리고 그를 위한 가장 효과적인 학습법은 무한반복 학습법이라는 것도 배웠습니다.
이제부터는 〈몰입 영어 실천편〉과 함께
단 한 번의 암기로 평생 기억에 남는 무한반복 학습을 시작해봅시다.

〈몰입 영어 실천편〉에서는 이 책의 독자들을 위해
영어 회화에 필요한 필수 단어와 문장만을 골라
QR코드와 체크리스트로 간편하게 따라할 수 있도록 구성했습니다.

- QR코드를 찍으면,
- 원어민 발음으로 각 문장이 5분씩 재생됩니다.
- 1회 재생이 끝나면 체크해주세요.

아침에 일어나서,
샤워하면서,
출근길, 통학길에,
자기 전에,
언제든 시간이 날 때마다 5분씩, 하루 12번만 들어보세요!

대화에 막힘이 없고
어느 순간 저절로 영어가 튀어나오는 경험을 하게 됩니다.

※ 위즈덤하우스 홈페이지에서 MP3 파일을 다운받을 수 있습니다!
www.wisdomhouse.co.kr(회사소개〉고객지원(자료실))

영어회화
핵심패턴
339문장

▶ I want~

001	I want a puppy. 강아지를 기르고 싶어요.		① ② ③ ④ ⑤ ⑥ ⑦ ⑧ ⑨ ⑩ ⑪ ⑫
002	I want a nice home. 멋진 가정을 가지고 싶어.	① ② ③ ④ ⑤ ⑥ ⑦ ⑧ ⑨ ⑩ ⑪ ⑫	
003	I want a strawberry ice cream. 딸기 아이스크림을 먹고 싶어.		① ② ③ ④ ⑤ ⑥ ⑦ ⑧ ⑨ ⑩ ⑪ ⑫

▶ I want to ~ (I wanna ~)

004	I want to be with you. 난 너랑 함께 있고 싶어.		① ② ③ ④ ⑤ ⑥ ⑦ ⑧ ⑨ ⑩ ⑪ ⑫
005	I want to write books. 난 책을 쓰고 싶어.	① ② ③ ④ ⑤ ⑥ ⑦ ⑧ ⑨ ⑩ ⑪ ⑫	
006	I want to get married. 난 결혼하고 싶어.		① ② ③ ④ ⑤ ⑥ ⑦ ⑧ ⑨ ⑩ ⑪ ⑫

▶ I want you to ~

007	I want you to be happy. 난 네가 행복하기를 바라고 있어.		① ② ③ ④ ⑤ ⑥ ⑦ ⑧ ⑨ ⑩ ⑪ ⑫
008	I want you to remember me. 난 네가 날 기억해주기를 바라고 있어.	① ② ③ ④ ⑤ ⑥ ⑦ ⑧ ⑨ ⑩ ⑪ ⑫	
009	I want you to stay home. 난 네가 집에 그냥 있었으면 좋겠어.		① ② ③ ④ ⑤ ⑥ ⑦ ⑧ ⑨ ⑩ ⑪ ⑫

► Do you want ～?

010	Do you want a job? 직장을 원하니?		①②③④ ⑤⑥⑦⑧ ⑨⑩⑪⑫
011	Do you want some coffee? 커피 줄까?		①②③④ ⑤⑥⑦⑧ ⑨⑩⑪⑫
012	Do you want a receipt? 영수증을 드릴까요?		①②③④ ⑤⑥⑦⑧ ⑨⑩⑪⑫

► Do you want to ～?

013	Do you want to be a movie star? 영화계 스타가 되고 싶니?		①②③④ ⑤⑥⑦⑧ ⑨⑩⑪⑫
014	Do you want to make a lot of money? 돈을 많이 벌고 싶니?		①②③④ ⑤⑥⑦⑧ ⑨⑩⑪⑫
015	Do you want to see a movie tonight? 오늘 밤에 영화 보러 갈래?		①②③④ ⑤⑥⑦⑧ ⑨⑩⑪⑫

► Do you want me to ～?

016	Do you want me to change? 내가 변했으면 좋겠니?		①②③④ ⑤⑥⑦⑧ ⑨⑩⑪⑫
017	Do you want me to pick him up? 내가 그 사람을 데리러 갈까?		①②③④ ⑤⑥⑦⑧ ⑨⑩⑪⑫
018	Do you want me to tell you the story? 내가 그 얘기를 해주기를 바라니?		①②③④ ⑤⑥⑦⑧ ⑨⑩⑪⑫

 001~018 이어 듣기

► What do you want to ~?

019	What do you want to know? 뭘 알고 싶니?		①②③④ ⑤⑥⑦⑧ ⑨⑩⑪⑫
020	What do you want to have for lunch? 점심 뭐 먹을래?	①②③④ ⑤⑥⑦⑧ ⑨⑩⑪⑫	
021	What do you want to be when you grow up? 크면 뭐가 되고 싶니?		①②③④ ⑤⑥⑦⑧ ⑨⑩⑪⑫

► I'd like ~

022	I'd like more information about that school. 그 학교에 대한 정보를 더 알고 싶어요.		①②③④ ⑤⑥⑦⑧ ⑨⑩⑪⑫
023	I'd like some tips for dealing with the issues. 그 문제를 다룰 수 있는 정보를 더 알고 싶어요.	①②③④ ⑤⑥⑦⑧ ⑨⑩⑪⑫	
024	I'd like your help. 도와주셨으면 좋겠어요.		①②③④ ⑤⑥⑦⑧ ⑨⑩⑪⑫

► I'd like to ~

025	I'd like to be a firefighter. 난 소방관이 되고 싶어요.		①②③④ ⑤⑥⑦⑧ ⑨⑩⑪⑫
026	I'd like to go back to school. 학교로 돌아가고 싶어요.	①②③④ ⑤⑥⑦⑧ ⑨⑩⑪⑫	
027	I'd like to ask him why he did that to me. 그 남자가 왜 나한테 그런 짓을 했는지 묻고 싶어요.		①②③④ ⑤⑥⑦⑧ ⑨⑩⑪⑫

▶ I'd like you to ~

028	I'd like you to **meet my family.** 네가 우리 가족을 만나봤으면 좋겠어.		①②③④ ⑤⑥⑦⑧ ⑨⑩⑪⑫
029	I'd like you to **tell me the truth.** 네가 나한테 진실을 말해줬으면 좋겠어.	①②③④ ⑤⑥⑦⑧ ⑨⑩⑪⑫	
030	I'd like you to **stay.** 네가 자고 갔으면 좋겠어.		①②③④ ⑤⑥⑦⑧ ⑨⑩⑪⑫

▶ Would you like ~?

031	Would you like **a cup of tea?** 차 한 잔 드시겠어요?		①②③④ ⑤⑥⑦⑧ ⑨⑩⑪⑫
032	Would you like **a detailed report?** 자세한 보고서를 보고 싶으세요?	①②③④ ⑤⑥⑦⑧ ⑨⑩⑪⑫	
033	Would you like **some more?** 더 드시겠어요?		①②③④ ⑤⑥⑦⑧ ⑨⑩⑪⑫

▶ How would you like ~?

034	How would you like **your eggs?** 계란을 어떻게 요리해드릴까요?		①②③④ ⑤⑥⑦⑧ ⑨⑩⑪⑫
035	How would you like **your coffee?** 커피를 어떻게 드시겠어요?	①②③④ ⑤⑥⑦⑧ ⑨⑩⑪⑫	
036	How would you like **your hair done?** 머리를 어떻게 해드릴까요?		①②③④ ⑤⑥⑦⑧ ⑨⑩⑪⑫

 019~036 이어 듣기

▶ Would you like to ~?

037
Would you like to **change your life dramatically?**
당신의 인생을 극적으로 바꾸고 싶으십니까?

038
Would you like to **tell me what you are thinking?**
네가 무슨 생각을 하고 있는지 나한테 말해주겠니?

039
Would you like to **see a size larger?**
한 사이즈 더 큰 걸 보시겠어요?

▶ Would you like me to ~?

040
Would you like me to **get you a drink?**
마실 것을 가져다드릴까요?

041
Would you like me to **make you a copy?**
한 부 복사해드릴까요?

042
Would you like me to **open the window?**
창문을 열어드릴까요?

▶ I've p.p. ~

043
I've seen **that face.**
저 얼굴은 전에 본 적이 있어.

044
I've heard **so many good things about you.**
당신에 대해서는 좋은 얘기를 너무 많이 들었어요.

045
I've felt **this way for a long time.**
나는 오랫동안 이렇게 느꼈어.

► I've been ~

046	I've been there. 난 거기에 가봤어.	① ② ③ ④ ⑤ ⑥ ⑦ ⑧ ⑨ ⑩ ⑪ ⑫
047	I've been to Paris. 난 파리에 가봤어.	① ② ③ ④ ⑤ ⑥ ⑦ ⑧ ⑨ ⑩ ⑪ ⑫
048	I've been to a concert alone once. 나는 콘서트에 혼자 가본 적이 있어.	① ② ③ ④ ⑤ ⑥ ⑦ ⑧ ⑨ ⑩ ⑪ ⑫

► I've never p.p. ~ before.

049	I've never seen such a case before. 나는 여태껏 한 번도 그런 경우는 본 적이 없어.	① ② ③ ④ ⑤ ⑥ ⑦ ⑧ ⑨ ⑩ ⑪ ⑫
050	I've never heard of such things before. 나는 여태껏 한 번도 그런 것은 들어본 적이 없어.	① ② ③ ④ ⑤ ⑥ ⑦ ⑧ ⑨ ⑩ ⑪ ⑫
051	I've never felt so peaceful in my life before. 내 인생에서 여태껏 한 번도 그렇게 평화로웠던 적이 없어.	① ② ③ ④ ⑤ ⑥ ⑦ ⑧ ⑨ ⑩ ⑪ ⑫

► I've never been ~ before.

052	I've never been here before. 난 여긴 처음 와봐.	① ② ③ ④ ⑤ ⑥ ⑦ ⑧ ⑨ ⑩ ⑪ ⑫
053	I've never been to Africa before. 아프리카는 가본 적이 없어. / 아프리카는 처음 가봤어[와봤어].	① ② ③ ④ ⑤ ⑥ ⑦ ⑧ ⑨ ⑩ ⑪ ⑫
054	I've never been to Rome before. 로마에는 가본 적이 없어. / 로마에는 처음 가봤어[와봤어].	① ② ③ ④ ⑤ ⑥ ⑦ ⑧ ⑨ ⑩ ⑪ ⑫

 037~054 이어 듣기

▶ I've already p.p. ~

055	I've already had lunch. 난 벌써 점심을 먹었어.		①②③④ ⑤⑥⑦⑧ ⑨⑩⑪⑫
056	I've already signed it. 난 벌써 그것에 서명을 했어.	①②③④ ⑤⑥⑦⑧ ⑨⑩⑪⑫	
057	I've already told you three times. 난 벌써 너한테 세 번이나 말했어.		①②③④ ⑤⑥⑦⑧ ⑨⑩⑪⑫

▶ Have you p.p. ~?

058	Have you met my mother? 우리 어머니를 만난 적이 있니?		①②③④ ⑤⑥⑦⑧ ⑨⑩⑪⑫
059	Have you wanted to emigrate? 이민가고 싶었던 적이 있니?	①②③④ ⑤⑥⑦⑧ ⑨⑩⑪⑫	
060	Have you felt goose bumps while listening to music? 음악을 들으면서 닭살이 돋은 적이 있니?		①②③④ ⑤⑥⑦⑧ ⑨⑩⑪⑫

▶ Have you ever been to ~?

061	Have you ever been to Antarctica? 남극 대륙에 가본 적이 있니?		①②③④ ⑤⑥⑦⑧ ⑨⑩⑪⑫
062	Have you ever been to Las Vegas? 라스베이거스에 가본 적이 있니?	①②③④ ⑤⑥⑦⑧ ⑨⑩⑪⑫	
063	Have you ever been to a Broadway show? 브로드웨이에서 공연을 본 적이 있니?		①②③④ ⑤⑥⑦⑧ ⑨⑩⑪⑫

▶ Have you p.p. ~ yet?

064	Have you done **your assignment** yet? 과제를 다 했니?		①②③④ ⑤⑥⑦⑧ ⑨⑩⑪⑫
065	Have you cleaned **your room** yet? 네 방 청소는 다 했니?	①②③④ ⑤⑥⑦⑧ ⑨⑩⑪⑫	
066	Have you written **your essay** yet? 작문 숙제는 다 했니?		①②③④ ⑤⑥⑦⑧ ⑨⑩⑪⑫

▶ I'm going to ~ (I'm gonna ~)

067	I'm going to **make you love me.** 네가 나를 사랑하게 만들 거야.		①②③④ ⑤⑥⑦⑧ ⑨⑩⑪⑫
068	I'm going to **do what I want to do.** 나는 내가 하고 싶은 것을 할 거야.	①②③④ ⑤⑥⑦⑧ ⑨⑩⑪⑫	
069	I'm going to **join the army.** 나는 군대에 갈 거야.		①②③④ ⑤⑥⑦⑧ ⑨⑩⑪⑫

▶ Are you going to ~? (Are you gonna ~?)

070	Are you going to **help us?** 우리를 도와줄 거예요?		①②③④ ⑤⑥⑦⑧ ⑨⑩⑪⑫
071	Are you going to **give me the money?** 나한테 그 돈을 줄 거예요?	①②③④ ⑤⑥⑦⑧ ⑨⑩⑪⑫	
072	Are you going to **take me or not?** 나를 데려갈 거예요, 말 거예요?		①②③④ ⑤⑥⑦⑧ ⑨⑩⑪⑫

 055~072 이어 듣기

I have to ~ (I've got to ~)

073	I have to **go**. 가봐야겠어.
074	I have to **get out of here**. 나는 여기서 나가야겠어.
075	I have to **finish this report tonight**. 난 오늘 밤 이 보고서를 마쳐야 해.

You should ~

076	You should **listen to me**. 내 말 들으렴.
077	You should **see a dentist**. 치과에 가봐.
078	You should **take your umbrella, because it is going to rain**. 비가 올 것 같으니까 우산을 갖고 가는 게 좋겠어.

You shouldn't ~

079	You shouldn't **eat too many chips**. 감자 칩을 너무 많이 먹으면 안 돼.
080	You shouldn't **tell anyone about that**. 그것에 대해서는 누구한테도 얘기하면 안 돼.
081	You shouldn't **give up on your dream**. 네 꿈을 포기하면 안 돼.

▶ Let's ~

082	Let's work together. 같이 일하자.		① ② ③ ④ ⑤ ⑥ ⑦ ⑧ ⑨ ⑩ ⑪ ⑫
083	Let's enjoy nature. 자연을 즐기자.	① ② ③ ④ ⑤ ⑥ ⑦ ⑧ ⑨ ⑩ ⑪ ⑫	
084	Let's think outside the box. 고정된 틀에서 벗어나 생각해보자.		① ② ③ ④ ⑤ ⑥ ⑦ ⑧ ⑨ ⑩ ⑪ ⑫

▶ Let's not ~

085	Let's not talk about that. 그것에 관해서는 말하지 말자.		① ② ③ ④ ⑤ ⑥ ⑦ ⑧ ⑨ ⑩ ⑪ ⑫
086	Let's not be stupid. 어리석게 굴지 말자.	① ② ③ ④ ⑤ ⑥ ⑦ ⑧ ⑨ ⑩ ⑪ ⑫	
087	Let's not start blaming each other. 서로 비난하는 것을 하지 맙시다.		① ② ③ ④ ⑤ ⑥ ⑦ ⑧ ⑨ ⑩ ⑪ ⑫

▶ Let me ~

088	Let me think about it for a minute. 내가 잠깐 생각 좀 해볼게.		① ② ③ ④ ⑤ ⑥ ⑦ ⑧ ⑨ ⑩ ⑪ ⑫
089	Let me pay for it. 내가 낼게.	① ② ③ ④ ⑤ ⑥ ⑦ ⑧ ⑨ ⑩ ⑪ ⑫	
090	Let me tell you a story. 내가 얘기 하나 해줄게.		① ② ③ ④ ⑤ ⑥ ⑦ ⑧ ⑨ ⑩ ⑪ ⑫

 073~090 이어 듣기

Let me know if ~

091	Let me know if **you need any help.** 도움이 필요하면 알려주세요.	①②③④ ⑤⑥⑦⑧ ⑨⑩⑪⑫
092	Let me know if **you find anything else.** 어떤 것이든 다른 걸 발견하면 알려줘.	①②③④ ⑤⑥⑦⑧ ⑨⑩⑪⑫
093	Let me know if **you want me to stop, okay?** 내가 멈췄으면 좋겠다면 알려줘, 알겠지?	①②③④ ⑤⑥⑦⑧ ⑨⑩⑪⑫

You look ~

094	You look **gorgeous.** 너 아주 멋져 보인다.	①②③④ ⑤⑥⑦⑧ ⑨⑩⑪⑫
095	You look **younger.** 젊어 보이네.	①②③④ ⑤⑥⑦⑧ ⑨⑩⑪⑫
096	You look **really tired.** 너 정말 피곤해 보여.	①②③④ ⑤⑥⑦⑧ ⑨⑩⑪⑫

You sound ~

097	You sound **confident.** 너 자신 있는 것 같다.	①②③④ ⑤⑥⑦⑧ ⑨⑩⑪⑫
098	You sound **surprised by that.** 그것 때문에 놀란 것 같은데.	①②③④ ⑤⑥⑦⑧ ⑨⑩⑪⑫
099	You sound **really worried about it.** 넌 정말 그것에 대해서 걱정하는 것 같이 들리네.	①②③④ ⑤⑥⑦⑧ ⑨⑩⑪⑫

▶ It smells ~

100	It smells **sweet**. 달콤한 냄새가 나.		①②③④ ⑤⑥⑦⑧ ⑨⑩⑪⑫
101	It smells **funny**. 이상한 냄새가 나.	①②③④ ⑤⑥⑦⑧ ⑨⑩⑪⑫	
102	It smells **great to me**. 난 냄새 좋은데.		①②③④ ⑤⑥⑦⑧ ⑨⑩⑪⑫

▶ It tastes ~

103	It tastes **salty**. 맛이 짜.		①②③④ ⑤⑥⑦⑧ ⑨⑩⑪⑫
104	It tastes **sour**. 신맛이 나.	①②③④ ⑤⑥⑦⑧ ⑨⑩⑪⑫	
105	It tastes **great**. 맛이 근사해.		①②③④ ⑤⑥⑦⑧ ⑨⑩⑪⑫

▶ You must be ~

106	You must be **tired**. 피곤하시군요.		①②③④ ⑤⑥⑦⑧ ⑨⑩⑪⑫
107	You must be **our new neighbor**. 우리 동네에 새로 이사 온 분이시군요.	①②③④ ⑤⑥⑦⑧ ⑨⑩⑪⑫	
108	You must be **joking**. 농담하시는군요.		①②③④ ⑤⑥⑦⑧ ⑨⑩⑪⑫

 091~108 이어 듣기

▶ I have trouble in – ing

109	I have trouble in finding the error. 오류를 찾는 데에 애를 먹고 있어.		①②③④ ⑤⑥⑦⑧ ⑨⑩⑪⑫
110	I have trouble in uttering certain words. 어떤 단어들은 발음하는 데에 애를 먹고 있어.	①②③④ ⑤⑥⑦⑧ ⑨⑩⑪⑫	
111	I have trouble in understanding the equation. 그 방정식을 이해하는 데에 애를 먹고 있어.		①②③④ ⑤⑥⑦⑧ ⑨⑩⑪⑫

▶ I have difficulty in – ing

112	I have difficulty in concentrating. 집중하는 데에 어려움을 겪고 있어.		①②③④ ⑤⑥⑦⑧ ⑨⑩⑪⑫
113	I have difficulty in changing my habits. 습관을 바꾸는 데에 어려움을 겪고 있어.	①②③④ ⑤⑥⑦⑧ ⑨⑩⑪⑫	
114	I have difficulty in keeping up with new techniques. 새로운 기술을 따라가는 데에 어려움을 겪고 있어.		①②③④ ⑤⑥⑦⑧ ⑨⑩⑪⑫

▶ I'm busy – ing

115	I'm busy doing dishes. 난 설거지하느라 바빠.		①②③④ ⑤⑥⑦⑧ ⑨⑩⑪⑫
116	I'm busy preparing for my trip. 난 여행 준비하느라 바빠.	①②③④ ⑤⑥⑦⑧ ⑨⑩⑪⑫	
117	I'm busy working on the project these days. 요즘 그 프로젝트 일로 바빠.		①②③④ ⑤⑥⑦⑧ ⑨⑩⑪⑫

▶ I'll ~

118	I'll pick you up at eight. 8시에 데리러 갈게.		① ② ③ ④ ⑤ ⑥ ⑦ ⑧ ⑨ ⑩ ⑪ ⑫
119	I'll be there soon. 곧 그리로 갈게.	① ② ③ ④ ⑤ ⑥ ⑦ ⑧ ⑨ ⑩ ⑪ ⑫	
120	I'll call you tomorrow. 내일 전화할게.		① ② ③ ④ ⑤ ⑥ ⑦ ⑧ ⑨ ⑩ ⑪ ⑫

▶ I won't ~

121	I won't leave you. 널 버리지 않을게.		① ② ③ ④ ⑤ ⑥ ⑦ ⑧ ⑨ ⑩ ⑪ ⑫
122	I won't take up too much of your time. 네 시간을 너무 많이 뺏지 않을게.	① ② ③ ④ ⑤ ⑥ ⑦ ⑧ ⑨ ⑩ ⑪ ⑫	
123	I won't forget what you said. 네가 한 말을 잊지 않을게.		① ② ③ ④ ⑤ ⑥ ⑦ ⑧ ⑨ ⑩ ⑪ ⑫

▶ I'll never ~

124	I'll never do that again. 다시는 그런 짓 안 할게.		① ② ③ ④ ⑤ ⑥ ⑦ ⑧ ⑨ ⑩ ⑪ ⑫
125	I'll never lie to you. 네게 절대 거짓말 안 할게.	① ② ③ ④ ⑤ ⑥ ⑦ ⑧ ⑨ ⑩ ⑪ ⑫	
126	I'll never let you go. 널 절대 떠나보내지 않을 거야.		① ② ③ ④ ⑤ ⑥ ⑦ ⑧ ⑨ ⑩ ⑪ ⑫

 109~126 이어 듣기

► There's ~

127	There's **something to eat** in the house. 집에 먹을 게 좀 있어.		①②③④ ⑤⑥⑦⑧ ⑨⑩⑪⑫
128	There's **a ghost** in my room. 내 방에 귀신이 있어.	①②③④ ⑤⑥⑦⑧ ⑨⑩⑪⑫	
129	There's **a glass ceiling for women** in the workplace. 직장 내의 여성에게는 유리 천장이 있어요.		①②③④ ⑤⑥⑦⑧ ⑨⑩⑪⑫

► There's always ~

130	There's always **a chance.** 언제나 기회는 있어.		①②③④ ⑤⑥⑦⑧ ⑨⑩⑪⑫
131	There's always **a reason to smile.** 언제나 미소를 지을 이유는 있어.	①②③④ ⑤⑥⑦⑧ ⑨⑩⑪⑫	
132	There's always **room for improvement.** 언제나 개선될 여지는 있어.		①②③④ ⑤⑥⑦⑧ ⑨⑩⑪⑫

► There's no ~

133	There's no **justice** in the world. 세상에 정의란 건 없어.		①②③④ ⑤⑥⑦⑧ ⑨⑩⑪⑫
134	There's no **place like home.** 세상에 집처럼 좋은 곳은 없어.	①②③④ ⑤⑥⑦⑧ ⑨⑩⑪⑫	
135	There's no **time to waste.** 낭비할 시간이 없어.		①②③④ ⑤⑥⑦⑧ ⑨⑩⑪⑫

▶ Is there ~?

136	Is there **still hope for us?** 우리한테 아직 희망이 있니?		①②③④ ⑤⑥⑦⑧ ⑨⑩⑪⑫
137	Is there **life on other planets?** 다른 행성에 생명체가 있니?	①②③④ ⑤⑥⑦⑧ ⑨⑩⑪⑫	
138	Is there **really a Santa Claus?** 산타클로스가 진짜 있어요?		①②③④ ⑤⑥⑦⑧ ⑨⑩⑪⑫

▶ Is there any ~?

139	Is there any **milk left?** 우유 남은 거 있어?		①②③④ ⑤⑥⑦⑧ ⑨⑩⑪⑫
140	Is there any **proof of this?** 이것에 대한 증거 있나요?	①②③④ ⑤⑥⑦⑧ ⑨⑩⑪⑫	
141	Is there any **difference between them?** 그것들 사이에 차이가 있니?		①②③④ ⑤⑥⑦⑧ ⑨⑩⑪⑫

▶ (Is there) Anything ~?

142	(Is there) Anything **specific?** 구체적인 게 있나요?		①②③④ ⑤⑥⑦⑧ ⑨⑩⑪⑫
143	(Is there) Anything **wrong about that?** 그것에 관해서 잘못된 게 있나요?	①②③④ ⑤⑥⑦⑧ ⑨⑩⑪⑫	
144	(Is there) Anything **I can do?** 내가 할 수 있는 게 있나요?		①②③④ ⑤⑥⑦⑧ ⑨⑩⑪⑫

 127~144 이어 듣기

▶ (Is there) Anybody ~?

145	(Is there) Anybody who wants to read this? 이걸 읽고 싶은 사람 있나요?		①②③④ ⑤⑥⑦⑧ ⑨⑩⑪⑫
146	(Is there) Anybody else in the house? 집에 다른 사람이 있나요?	①②③④ ⑤⑥⑦⑧ ⑨⑩⑪⑫	
147	(Is there) Anybody else who could help you? 당신을 도와줄 수 있는 다른 사람이 있나요?		①②③④ ⑤⑥⑦⑧ ⑨⑩⑪⑫

▶ That's why ~

148	She's nice to me. That's why I like her. 그 여자는 나한테 잘해줘. 그래서 난 그 여자가 좋아.		①②③④ ⑤⑥⑦⑧ ⑨⑩⑪⑫
149	He's looking for a job. That's why he called. 그 남자는 일자리를 찾고 있어. 그래서 전화했던 거야.	①②③④ ⑤⑥⑦⑧ ⑨⑩⑪⑫	
150	I've got a stomachache. That's why I was crying. 배가 아파요. 그래서 울었던 거예요.		①②③④ ⑤⑥⑦⑧ ⑨⑩⑪⑫

▶ Why did you ~?

151	Why did you do this to me? 넌 왜 나한테 그런 짓을 했니?		①②③④ ⑤⑥⑦⑧ ⑨⑩⑪⑫
152	Why did you go overseas? 넌 왜 해외로 갔니?	①②③④ ⑤⑥⑦⑧ ⑨⑩⑪⑫	
153	Why did you change your mind? 넌 왜 마음을 바꿨니?		①②③④ ⑤⑥⑦⑧ ⑨⑩⑪⑫

How can you ~?

154	How can you do that? 어떻게 그럴 수 있어?		①②③④ ⑤⑥⑦⑧ ⑨⑩⑪⑫
155	How can you speak that fast? 어떻게 그렇게 빨리 말할 수 있어?	①②③④ ⑤⑥⑦⑧ ⑨⑩⑪⑫	
156	How can you love when you don't even love yourself? 자기 자신도 사랑하지 않으면서 어떻게 사랑을 할 수 있다는 겁니까?		①②③④ ⑤⑥⑦⑧ ⑨⑩⑪⑫

What makes you think ~?

157	What makes you think so? 왜 그렇게 생각하는데?		①②③④ ⑤⑥⑦⑧ ⑨⑩⑪⑫
158	What makes you think I could help? 왜 내가 너를 도와줄 수 있다고 생각하니?	①②③④ ⑤⑥⑦⑧ ⑨⑩⑪⑫	
159	What makes you think you'll never make it? 왜 너는 성공하지 못할 거라고 생각하는데?		①②③④ ⑤⑥⑦⑧ ⑨⑩⑪⑫

Don't ~

160	Don't look back. 뒤돌아보지 마.		①②③④ ⑤⑥⑦⑧ ⑨⑩⑪⑫
161	Don't let go of the rope. 밧줄을 놓지 마.	①②③④ ⑤⑥⑦⑧ ⑨⑩⑪⑫	
162	Don't talk back to me. 나한테 말대답하지 마.		①②③④ ⑤⑥⑦⑧ ⑨⑩⑪⑫

 145~162 이어 듣기

▶ Don't forget to ~

163	Don't forget to smile. 미소 짓는 거 잊지 마.		①②③④ ⑤⑥⑦⑧ ⑨⑩⑪⑫
164	Don't forget to feed the cats twice a day. 고양이들한테 하루에 두 번 밥 주는 것 잊지 마.	①②③④ ⑤⑥⑦⑧ ⑨⑩⑪⑫	
165	Don't forget to brush your teeth. 이 닦는 것 잊지 마라.		①②③④ ⑤⑥⑦⑧ ⑨⑩⑪⑫

▶ Don't tell me ~

166	Don't tell me what to do. 이래라저래라 하지 마.		①②③④ ⑤⑥⑦⑧ ⑨⑩⑪⑫
167	Don't tell me you're late again. 설마 또 늦는 건 아니겠지.	①②③④ ⑤⑥⑦⑧ ⑨⑩⑪⑫	
168	Don't tell me you haven't thought about it. 설마 그것에 대해 생각 안 해본 건 아니겠지.		①②③④ ⑤⑥⑦⑧ ⑨⑩⑪⑫

▶ Stop – ing

169	Stop eating fast food anymore. 패스트푸드 좀 그만 먹어 이제.		①②③④ ⑤⑥⑦⑧ ⑨⑩⑪⑫
170	Stop watching TV and do your homework. 텔레비전 그만 보고 숙제나 해.	①②③④ ⑤⑥⑦⑧ ⑨⑩⑪⑫	
171	Stop arguing and just do what I say. 말싸움 그만하고 내가 말하는 것만 해.		①②③④ ⑤⑥⑦⑧ ⑨⑩⑪⑫

▶ I almost ~

172	I almost **made a big mistake**. 큰 실수를 할 뻔했어.		①②③④ ⑤⑥⑦⑧ ⑨⑩⑪⑫
173	I almost **missed the train**. 기차를 놓칠 뻔했어.	①②③④ ⑤⑥⑦⑧ ⑨⑩⑪⑫	
174	I almost **fell down**. 넘어질 뻔했어.		①②③④ ⑤⑥⑦⑧ ⑨⑩⑪⑫

▶ I feel like ~

175	I feel like **a zombie**. 좀비가 된 기분이야.		①②③④ ⑤⑥⑦⑧ ⑨⑩⑪⑫
176	I feel like **Cinderella!** 신데렐라가 된 기분이야!	①②③④ ⑤⑥⑦⑧ ⑨⑩⑪⑫	
177	I feel like **I'm a nobody**. 난 하잘것없는 인간인 거 같아.		①②③④ ⑤⑥⑦⑧ ⑨⑩⑪⑫

▶ I used to ~

178	I used to **live here**. 예전에 여기 살았어.		①②③④ ⑤⑥⑦⑧ ⑨⑩⑪⑫
179	I used to **be afraid of spiders**. 난 전에는 거미를 무서워했어.	①②③④ ⑤⑥⑦⑧ ⑨⑩⑪⑫	
180	I used to **love horror movies**. 예전엔 공포영화를 아주 좋아했지.		①②③④ ⑤⑥⑦⑧ ⑨⑩⑪⑫

 163~180 이어 듣기

I'm used to – ing

181	I'm used to getting a lot of attention from guys. 난 남자들이 날 많이 쳐다보는 것에 익숙해.		①②③④ ⑤⑥⑦⑧ ⑨⑩⑪⑫
182	I'm used to working in these conditions. 난 이런 환경에서 일하는 것에 익숙해.	①②③④ ⑤⑥⑦⑧ ⑨⑩⑪⑫	
183	I'm used to being on my own now. 이제는 혼자 있는 것에 익숙해.		①②③④ ⑤⑥⑦⑧ ⑨⑩⑪⑫

I'm good at ~

184	I'm good at math. 난 수학을 잘해.		①②③④ ⑤⑥⑦⑧ ⑨⑩⑪⑫
185	I'm good at working in teams. 난 팀을 이루어 일하는 거 잘해.	①②③④ ⑤⑥⑦⑧ ⑨⑩⑪⑫	
186	I'm good at remembering people's birthdays. 난 사람들 생일을 잘 기억해.		①②③④ ⑤⑥⑦⑧ ⑨⑩⑪⑫

I should have p.p. ~

187	I should have stayed home. 집에 있어야 했는데. (안 있었다.)		①②③④ ⑤⑥⑦⑧ ⑨⑩⑪⑫
188	I should have listened to you. 네 말을 들었어야 했어. (안 들었다.)	①②③④ ⑤⑥⑦⑧ ⑨⑩⑪⑫	
189	I should have gone with them. 그 사람들하고 같이 갔어야 했어. (안 갔다.)		①②③④ ⑤⑥⑦⑧ ⑨⑩⑪⑫

▶ I shouldn't have p.p. ~

190	I shouldn't have answered that call. 그 전화를 받지 말았어야 했어. (받았다.)		①②③④ ⑤⑥⑦⑧ ⑨⑩⑪⑫
191	I shouldn't have been so mean to her. 걔한테 그렇게 야비하게 굴지 말았어야 했는데. (야비하게 굴었다.)	①②③④ ⑤⑥⑦⑧ ⑨⑩⑪⑫	
192	I shouldn't have lost my temper. 그렇게 화를 내지 말았어야 했는데. (화를 냈다)		①②③④ ⑤⑥⑦⑧ ⑨⑩⑪⑫

▶ I told you to ~

193	I told you to stop crying. 울음을 그치라고 했잖아.		①②③④ ⑤⑥⑦⑧ ⑨⑩⑪⑫
194	I told you to stay away from him. 그 남자랑 가깝게 지내지 말라고 했잖아.	①②③④ ⑤⑥⑦⑧ ⑨⑩⑪⑫	
195	I told you to tell her before it was too late. 너무 늦기 전에 그 여자한테 말하라고 했잖아.		①②③④ ⑤⑥⑦⑧ ⑨⑩⑪⑫

▶ I told you not to ~

196	I told you not to bring anyone. 누구도 데려오지 말라고 했잖아.		①②③④ ⑤⑥⑦⑧ ⑨⑩⑪⑫
197	I told you not to leave the house. 집을 비우지 말라고 했잖아.	①②③④ ⑤⑥⑦⑧ ⑨⑩⑪⑫	
198	I told you not to touch it without asking me first. 먼저 나한테 묻기 전에는 그걸 만지지 말라고 했잖아.		①②③④ ⑤⑥⑦⑧ ⑨⑩⑪⑫

 181~198 이어 듣기

I don't know why ~

199	I don't know why you came here. 네가 왜 여기 왔는지 모르겠어.		① ② ③ ④ ⑤ ⑥ ⑦ ⑧ ⑨ ⑩ ⑪ ⑫
200	I don't know why I'm telling you this. 내가 왜 너한테 이런 얘기를 하고 있는지 모르겠어.	① ② ③ ④ ⑤ ⑥ ⑦ ⑧ ⑨ ⑩ ⑪ ⑫	
201	I don't know why you're treating me like this. 네가 왜 나를 이렇게 대하는지 모르겠어.		① ② ③ ④ ⑤ ⑥ ⑦ ⑧ ⑨ ⑩ ⑪ ⑫

I don't know how to ~

202	I don't know how to get there. 거기 가는 방법 몰라.		① ② ③ ④ ⑤ ⑥ ⑦ ⑧ ⑨ ⑩ ⑪ ⑫
203	I don't know how to fix it. 그거 어떻게 고치는지 몰라.	① ② ③ ④ ⑤ ⑥ ⑦ ⑧ ⑨ ⑩ ⑪ ⑫	
204	I don't know how to tell you how I feel. 어떻게 해야 내 감정을 너한테 말할 수 있는지 모르겠어.		① ② ③ ④ ⑤ ⑥ ⑦ ⑧ ⑨ ⑩ ⑪ ⑫

I didn't mean to ~

205	I didn't mean to scare you. 너를 겁주려고 했던 건 아냐.		① ② ③ ④ ⑤ ⑥ ⑦ ⑧ ⑨ ⑩ ⑪ ⑫
206	I didn't mean to get you upset. 네 화를 돋우려고 했던 건 아냐.	① ② ③ ④ ⑤ ⑥ ⑦ ⑧ ⑨ ⑩ ⑪ ⑫	
207	I didn't mean to take advantage of you. 너를 이용하려고 했던 건 아냐.		① ② ③ ④ ⑤ ⑥ ⑦ ⑧ ⑨ ⑩ ⑪ ⑫

▶ I was about to ~

208	I was about to give up. 포기하려던 참이었어.		① ② ③ ④ ⑤ ⑥ ⑦ ⑧ ⑨ ⑩ ⑪ ⑫
209	I was about to say goodbye to them. 그 사람들한테 작별 인사를 하려던 참이었어.	① ② ③ ④ ⑤ ⑥ ⑦ ⑧ ⑨ ⑩ ⑪ ⑫	
210	I was about to make the biggest decision in my life. 내 인생 최대의 실수를 하려던 참이었어.		① ② ③ ④ ⑤ ⑥ ⑦ ⑧ ⑨ ⑩ ⑪ ⑫

▶ I'm looking forward to + (동)명사 ~

211	I'm looking forward to the concert. 그 콘서트가 기대돼.		① ② ③ ④ ⑤ ⑥ ⑦ ⑧ ⑨ ⑩ ⑪ ⑫
212	I'm looking forward to some peace and quiet. 조용히 쉬는 것을 고대하고 있어.	① ② ③ ④ ⑤ ⑥ ⑦ ⑧ ⑨ ⑩ ⑪ ⑫	
213	I'm looking forward to seeing her tomorrow. 내일 그 여자를 만나는 게 고대돼.		① ② ③ ④ ⑤ ⑥ ⑦ ⑧ ⑨ ⑩ ⑪ ⑫

▶ I can't afford to ~

214	I can't afford to buy new clothes again. 또 새 옷을 살 여유가 없어.		① ② ③ ④ ⑤ ⑥ ⑦ ⑧ ⑨ ⑩ ⑪ ⑫
215	I can't afford to turn down the offer. 그 제안을 거절할 여유가 없어.	① ② ③ ④ ⑤ ⑥ ⑦ ⑧ ⑨ ⑩ ⑪ ⑫	
216	I can't afford to travel around the world 세계 일주를 할 여유가 없어.		① ② ③ ④ ⑤ ⑥ ⑦ ⑧ ⑨ ⑩ ⑪ ⑫

 199~216 이어 듣기

▶ You don't have to ~

217	You don't have to **say sorry.** 사과 안 해도 돼요.
218	You don't have to **do that.** 그럴 필요 없어.
219	You don't have to **bring anything.** 아무것도 안 가져와도 돼.

▶ I'm here to ~

220	I'm here to **see Mr. Smith.** 스미스 씨를 뵈러 왔습니다.
221	I'm here to **help you.** 널 도와주려고 왔어.
222	I'm here to **ask for your support.** 네 지원을 요청하러 여기 왔어.

▶ It'll take 소요시간 to ~

223	It'll take **a couple of days to finish this.** 이걸 끝내려면 2~3일이 걸릴 거야.
224	It'll take **four hours to get there.** 거기에 도착하려면 네 시간이 걸릴 거야.
225	It'll take **some time to make all the arrangements.** 다 준비하는 데 시간이 좀 걸릴 거야.

▶ It takes 소요시간 to ~

226	It takes **half an hour** to reach that place. 그곳에 가려면 30분 걸려.		①②③④ ⑤⑥⑦⑧ ⑨⑩⑪⑫
227	It takes **one and a half hours** to get to work. 출근하려면 한 시간 반이 걸려.	①②③④ ⑤⑥⑦⑧ ⑨⑩⑪⑫	
228	It takes **several days** to bring it back to normal. 그걸 정상으로 되돌리려면 며칠 걸려.		①②③④ ⑤⑥⑦⑧ ⑨⑩⑪⑫

▶ It took 소요시간 to ~

229	It took **several years** to find someone I trusted. 믿을 수 있는 사람을 발견하는 데 몇 년이 걸렸어.		①②③④ ⑤⑥⑦⑧ ⑨⑩⑪⑫
230	It took **a long time** to get started again. 다시 시작하는 데 시간이 오래 걸렸어.	①②③④ ⑤⑥⑦⑧ ⑨⑩⑪⑫	
231	It took **a couple of hours** to take it apart. 그걸 분해하는 데 2~3시간이 걸렸어.		①②③④ ⑤⑥⑦⑧ ⑨⑩⑪⑫

▶ How long will it take to ~?

232	How long will it take to **complete the work**? 이 일을 끝마치려면 얼마나 걸릴까요?		①②③④ ⑤⑥⑦⑧ ⑨⑩⑪⑫
233	How long will it take to **wash the car**? 세차하려면 얼마나 걸릴까요?	①②③④ ⑤⑥⑦⑧ ⑨⑩⑪⑫	
234	How long will it take to **paint this house**? 이 집에 페인트를 칠하려면 얼마나 걸릴까요?		①②③④ ⑤⑥⑦⑧ ⑨⑩⑪⑫

 217~234 이어 듣기

How long does it take to ~?

235	How long does it take to **walk to school**? 학교까지 걸어가는 데 얼마나 걸리니?		①②③④ ⑤⑥⑦⑧ ⑨⑩⑪⑫
236	How long does it take to **get this done**? 이 일을 마치는 데는 얼마나 걸리니?	①②③④ ⑤⑥⑦⑧ ⑨⑩⑪⑫	
237	How long does it take to **get to your house from here**? 여기서 너희 집까지는 얼마나 걸리니?		①②③④ ⑤⑥⑦⑧ ⑨⑩⑪⑫

How long did it take to ~?

238	How long did it take to **solve them**? 그것들을 해결하는 데 얼마나 걸렸어요?		①②③④ ⑤⑥⑦⑧ ⑨⑩⑪⑫
239	How long did it take to **get there from the airport**? 공항에서 거기까지 가는 데 얼마나 걸렸어요?	①②③④ ⑤⑥⑦⑧ ⑨⑩⑪⑫	
240	How long did it take to **recover**? 회복되는 데 얼마나 걸렸어요?		①②③④ ⑤⑥⑦⑧ ⑨⑩⑪⑫

How long have you p.p. ~?

241	How long have you **lived** here? 여기서 얼마나 오래 사셨어요?		①②③④ ⑤⑥⑦⑧ ⑨⑩⑪⑫
242	How long have you **known** him? 얼마나 오래 그 남자를 알고 지냈어요?	①②③④ ⑤⑥⑦⑧ ⑨⑩⑪⑫	
243	How long have you been **married**? 결혼한 지 얼마나 됐어요?		①②③④ ⑤⑥⑦⑧ ⑨⑩⑪⑫

▶ I don't feel like – ing

244	I don't feel like working today. 오늘 일할 기분이 아냐.		① ② ③ ④ ⑤ ⑥ ⑦ ⑧ ⑨ ⑩ ⑪ ⑫
245	I don't feel like talking about it. 그것에 대해 이야기할 기분이 아냐.	① ② ③ ④ ⑤ ⑥ ⑦ ⑧ ⑨ ⑩ ⑪ ⑫	
246	I don't feel like going to the club. 클럽에 갈 기분이 아냐.		① ② ③ ④ ⑤ ⑥ ⑦ ⑧ ⑨ ⑩ ⑪ ⑫

▶ It's no wonder ~

247	It's no wonder he's so successful. 그 남자가 그렇게 성공한 것도 당연해.		① ② ③ ④ ⑤ ⑥ ⑦ ⑧ ⑨ ⑩ ⑪ ⑫
248	It's no wonder they don't like you. 그 사람들이 너를 싫어하는 것도 당연해.	① ② ③ ④ ⑤ ⑥ ⑦ ⑧ ⑨ ⑩ ⑪ ⑫	
249	It's no wonder she didn't want to marry you. 그 여자가 너랑 결혼하고 싶지 않았던 것도 당연해.		① ② ③ ④ ⑤ ⑥ ⑦ ⑧ ⑨ ⑩ ⑪ ⑫

▶ I'm sorry about ~

250	I'm sorry about last night. 지난밤 일은 미안하게 됐어.		① ② ③ ④ ⑤ ⑥ ⑦ ⑧ ⑨ ⑩ ⑪ ⑫
251	I'm sorry about what I said. 내가 한 말은 미안하게 됐어.	① ② ③ ④ ⑤ ⑥ ⑦ ⑧ ⑨ ⑩ ⑪ ⑫	
252	I'm sorry about your son. 아드님 일은 안됐습니다.		① ② ③ ④ ⑤ ⑥ ⑦ ⑧ ⑨ ⑩ ⑪ ⑫

 235~252 이어 듣기

▶ I'm sorry for ~

253	I'm sorry for being late. 늦어서 죄송합니다.		①②③④ ⑤⑥⑦⑧ ⑨⑩⑪⑫
254	I'm sorry for scaring you. 겁줘서 미안해.	①②③④ ⑤⑥⑦⑧ ⑨⑩⑪⑫	
255	I'm sorry for your loss. 삼가 조의를 표합니다.		①②③④ ⑤⑥⑦⑧ ⑨⑩⑪⑫

▶ I'm sorry to ~

256	I'm sorry to interrupt you. 말씀/용무 중에 끼어들어 죄송합니다.		①②③④ ⑤⑥⑦⑧ ⑨⑩⑪⑫
257	I'm sorry to tell you this. 너한테 이런 말을 하게 돼서 유감이야.	①②③④ ⑤⑥⑦⑧ ⑨⑩⑪⑫	
258	I'm sorry to hear that. 그렇다니 안됐다.		①②③④ ⑤⑥⑦⑧ ⑨⑩⑪⑫

▶ I'm sorry that ~

259	I'm sorry that I'm late. 늦어서 죄송합니다.		①②③④ ⑤⑥⑦⑧ ⑨⑩⑪⑫
260	I'm sorry that I let you down 너를 실망시켜서 미안해.	①②③④ ⑤⑥⑦⑧ ⑨⑩⑪⑫	
261	I'm sorry that I left you so early. 그렇게 일찍 너를 떠나게 된 것은 미안해.		①②③④ ⑤⑥⑦⑧ ⑨⑩⑪⑫

▶ Can you get me ~?

262	Can you get me the form to fill out? 서류를 작성하게 양식을 갖다 주실래요?		①②③④ ⑤⑥⑦⑧ ⑨⑩⑪⑫
263	Can you get me some clothes? 옷 좀 갖다 주실래요?	①②③④ ⑤⑥⑦⑧ ⑨⑩⑪⑫	
264	Can you get me something to drink? 마실 것 좀 갖다 주실래요?		①②③④ ⑤⑥⑦⑧ ⑨⑩⑪⑫

▶ Can you give me ~?

265	Can you give me an example? 예를 하나 들어주실래요?		①②③④ ⑤⑥⑦⑧ ⑨⑩⑪⑫
266	Can you give me a hand? 좀 도와주실래요?	①②③④ ⑤⑥⑦⑧ ⑨⑩⑪⑫	
267	Can you give me a hint as to who he is? 그 남자가 누구인지 힌트 좀 주실래요?		①②③④ ⑤⑥⑦⑧ ⑨⑩⑪⑫

▶ Can you help me ~?

268	Can you help me move something? 뭘 좀 옮기는 걸 도와줄래요?		①②③④ ⑤⑥⑦⑧ ⑨⑩⑪⑫
269	Can you help me find my puppy? 강아지 찾는 거 도와줄래?	①②③④ ⑤⑥⑦⑧ ⑨⑩⑪⑫	
270	Can you help me with my assignment? 숙제 좀 도와줄래?		①②③④ ⑤⑥⑦⑧ ⑨⑩⑪⑫

 253~270 이어 듣기

▶ Can you tell me ~?

271	Can you tell me **where the restroom is?** 화장실이 어디 있는지 알려줄래요?		①②③④ ⑤⑥⑦⑧ ⑨⑩⑪⑫
272	Can you tell me **how to use it?** 이거 어떻게 사용하는 건지 알려줄래요?	①②③④ ⑤⑥⑦⑧ ⑨⑩⑪⑫	
273	Can you tell me **what happened?** 무슨 일이 있었는지 말해줄 수 있나요?		①②③④ ⑤⑥⑦⑧ ⑨⑩⑪⑫

▶ Can you show me ~?

274	Can you show me **how to turn this on?** 이걸 어떻게 켜는지 알려주실래요?		①②③④ ⑤⑥⑦⑧ ⑨⑩⑪⑫
275	Can you show me **around the school?** 학교를 구경시켜주실래요?	①②③④ ⑤⑥⑦⑧ ⑨⑩⑪⑫	
276	Can you show me **your paintings?** 네 그림을 보여줄래?		①②③④ ⑤⑥⑦⑧ ⑨⑩⑪⑫

▶ Can I ~?

277	Can I **ask you a personal question?** 개인적인 질문을 하나 해도 되나요?		①②③④ ⑤⑥⑦⑧ ⑨⑩⑪⑫
278	Can I **take one more?** 하나 더 가져가도 되나요?	①②③④ ⑤⑥⑦⑧ ⑨⑩⑪⑫	
279	Can I **call you tonight?** 오늘 밤에 전화해도 돼요?		①②③④ ⑤⑥⑦⑧ ⑨⑩⑪⑫

► Can I have ~?

280	Can I have five minutes of your time? 5분만 시간 좀 내줄 수 있나요?		①②③④ ⑤⑥⑦⑧ ⑨⑩⑪⑫
281	Can I have your attention? 주목 좀 해주실래요?	①②③④ ⑤⑥⑦⑧ ⑨⑩⑪⑫	
282	Can I have a Coke? 콜라 하나 주시겠어요?		①②③④ ⑤⑥⑦⑧ ⑨⑩⑪⑫

► Can I get you ~?

283	Can I get you free tickets to the show? 그 공연 무료입장권을 구해다 줄까요?		①②③④ ⑤⑥⑦⑧ ⑨⑩⑪⑫
284	Can I get you some snacks? 간식거리를 갖다 드릴까요?	①②③④ ⑤⑥⑦⑧ ⑨⑩⑪⑫	
285	Can I get you something to read? 읽을거리를 좀 갖다 드릴까요?		①②③④ ⑤⑥⑦⑧ ⑨⑩⑪⑫

► Could you ~?

286	Could you speak more slowly? 좀 천천히 말씀해 주실래요?		①②③④ ⑤⑥⑦⑧ ⑨⑩⑪⑫
287	Could you lend me some money? 돈 좀 빌려줄 수 있어요?	①②③④ ⑤⑥⑦⑧ ⑨⑩⑪⑫	
288	Could you help me carry this box? 이 상자 옮기는 거 좀 도와주시겠어요?		①②③④ ⑤⑥⑦⑧ ⑨⑩⑪⑫

 271~288 이어 듣기

How about ～?

289	How about this? 이건 어때?		①②③④ ⑤⑥⑦⑧ ⑨⑩⑪⑫
290	How about taking a walk with me? 나랑 산책하는 건 어때?	①②③④ ⑤⑥⑦⑧ ⑨⑩⑪⑫	
291	How about going to the movies tonight? 오늘 밤에 영화를 보러가는 건 어때?		①②③④ ⑤⑥⑦⑧ ⑨⑩⑪⑫

Why don't you ～?

292	Why don't you take a day off? 하루 쉬는 게 어때?		①②③④ ⑤⑥⑦⑧ ⑨⑩⑪⑫
293	Why don't you apologize to him? 그 남자한테 사과하는 게 어때?	①②③④ ⑤⑥⑦⑧ ⑨⑩⑪⑫	
294	Why don't you just stop doing that? 그냥 그걸 그만두면 어때?		①②③④ ⑤⑥⑦⑧ ⑨⑩⑪⑫

Are you + 형용사?

295	Are you sure? 확실해?		①②③④ ⑤⑥⑦⑧ ⑨⑩⑪⑫
296	Are you serious? 진심이야?	①②③④ ⑤⑥⑦⑧ ⑨⑩⑪⑫	
297	Are you tired? 피곤하니?		①②③④ ⑤⑥⑦⑧ ⑨⑩⑪⑫

▶ Are you ready for ~?

298	Are you ready for your interview? 인터뷰 준비는 됐니?		①②③④ ⑤⑥⑦⑧ ⑨⑩⑪⑫
299	Are you ready for the adventure? 모험을 떠날 준비가 됐니?	①②③④ ⑤⑥⑦⑧ ⑨⑩⑪⑫	
300	Are you ready for school? 학교 갈 준비가 됐니?		①②③④ ⑤⑥⑦⑧ ⑨⑩⑪⑫

▶ Are you ready to ~?

301	Are you ready to go? 갈 준비 됐니?		①②③④ ⑤⑥⑦⑧ ⑨⑩⑪⑫
302	Are you ready to follow me? 나를 따라올 준비가 됐니?	①②③④ ⑤⑥⑦⑧ ⑨⑩⑪⑫	
303	Are you ready to have some fun? 재미있게 즐길 준비가 됐니?		①②③④ ⑤⑥⑦⑧ ⑨⑩⑪⑫

▶ Are you free ~?

304	Are you free now? 지금 시간 있어요?		①②③④ ⑤⑥⑦⑧ ⑨⑩⑪⑫
305	Are you free after work? 퇴근 후에 시간 있어요?	①②③④ ⑤⑥⑦⑧ ⑨⑩⑪⑫	
306	Are you free this weekend? 이번 주말에 시간이 있나요?		①②③④ ⑤⑥⑦⑧ ⑨⑩⑪⑫

 289~306 이어 듣기

► Are you free to ~?

307	Are you free to **work on it now?** 지금 이걸 할 수 있는 시간이 되니?		① ② ③ ④ ⑤ ⑥ ⑦ ⑧ ⑨ ⑩ ⑪ ⑫
308	Are you free to **speak for a minute?** 잠깐 얘기할 시간 돼요?	① ② ③ ④ ⑤ ⑥ ⑦ ⑧ ⑨ ⑩ ⑪ ⑫	
309	Are you free to **get together this evening?** 오늘 저녁에 같이 모일 시간이 되니?		① ② ③ ④ ⑤ ⑥ ⑦ ⑧ ⑨ ⑩ ⑪ ⑫

► Is it true ~?

310	Is it true **he is your cousin?** 그 남자가 네 사촌이라는 게 사실이야?		① ② ③ ④ ⑤ ⑥ ⑦ ⑧ ⑨ ⑩ ⑪ ⑫
311	Is it true **they like my poetry?** 그 사람들이 내 시를 좋아한다는 게 사실이니?	① ② ③ ④ ⑤ ⑥ ⑦ ⑧ ⑨ ⑩ ⑪ ⑫	
312	Is it true **what they say about you?** 사람들이 너에 관해서 얘기하는 게 사실이니?		① ② ③ ④ ⑤ ⑥ ⑦ ⑧ ⑨ ⑩ ⑪ ⑫

► Is it okay if ~?

313	Is it okay if **I use it?** 이거 사용해도 돼요?		① ② ③ ④ ⑤ ⑥ ⑦ ⑧ ⑨ ⑩ ⑪ ⑫
314	Is it okay if **I read it?** 이거 읽어봐도 돼요?	① ② ③ ④ ⑤ ⑥ ⑦ ⑧ ⑨ ⑩ ⑪ ⑫	
315	Is it okay if **I talk about this?** 이것에 대해서 얘기해도 괜찮아요?		① ② ③ ④ ⑤ ⑥ ⑦ ⑧ ⑨ ⑩ ⑪ ⑫

▶ How was ~?

316	How was your day? 오늘 하루는 어땠어?		①②③④ ⑤⑥⑦⑧ ⑨⑩⑪⑫
317	How was your trip abroad? 해외여행은 어땠어?	①②③④ ⑤⑥⑦⑧ ⑨⑩⑪⑫	
318	How was the job interview? 취업 면접은 어땠어?		①②③④ ⑤⑥⑦⑧ ⑨⑩⑪⑫

▶ When is ~?

319	When is your mother's birthday? 네 어머니 생일은 언제니?		①②③④ ⑤⑥⑦⑧ ⑨⑩⑪⑫
320	When is your baby due? 출산 예정일은 언제니?	①②③④ ⑤⑥⑦⑧ ⑨⑩⑪⑫	
321	When is the best time of the day to practice? 하루 중 언제가 연습하기 제일 좋니?		①②③④ ⑤⑥⑦⑧ ⑨⑩⑪⑫

▶ Where is ~?

322	Where is your sister? 네 여동생은 어디 있니?		①②③④ ⑤⑥⑦⑧ ⑨⑩⑪⑫
323	Where is the Eiffel Tower? 에펠탑은 어디 있니?	①②③④ ⑤⑥⑦⑧ ⑨⑩⑪⑫	
324	Where is my jacket? 내 재킷은 어디 있어요?		①②③④ ⑤⑥⑦⑧ ⑨⑩⑪⑫

 307~324 이어 듣기

▶ Where did you ～?

325	Where did you **sleep last night**? 어젯밤에는 어디서 잤니?		①②③④ ⑤⑥⑦⑧ ⑨⑩⑪⑫
326	Where did you **get that coat**? 그 코트 어디서 샀니?		①②③④ ⑤⑥⑦⑧ ⑨⑩⑪⑫
327	Where did you **take her**? 그 여자를 어디로 데리고 갔니?		①②③④ ⑤⑥⑦⑧ ⑨⑩⑪⑫

▶ Where can I ～?

328	Where can I **change some money**? 어디서 환전을 할 수 있습니까?		①②③④ ⑤⑥⑦⑧ ⑨⑩⑪⑫
329	Where can I **learn more**? 어디에서 더 배울 수 있을까요?		①②③④ ⑤⑥⑦⑧ ⑨⑩⑪⑫
330	Where can I **get the answers to my questions**? 내 질문에 대한 답을 어디서 찾을 수 있지?		①②③④ ⑤⑥⑦⑧ ⑨⑩⑪⑫

▶ What kind of 명사 do you like?

331	What kind of **music** do you like? 어떤 종류의 음악을 좋아하니?		①②③④ ⑤⑥⑦⑧ ⑨⑩⑪⑫
332	What kind of **movies** do you like? 어떤 종류의 영화를 좋아하니?		①②③④ ⑤⑥⑦⑧ ⑨⑩⑪⑫
333	What kind of **cars** do you like? 어떤 종류의 차를 좋아하니?		①②③④ ⑤⑥⑦⑧ ⑨⑩⑪⑫

▶ What's your favorite ~?

334	What's your favorite color? 어떤 색깔을 제일 좋아해요?		① ② ③ ④ ⑤ ⑥ ⑦ ⑧ ⑨ ⑩ ⑪ ⑫
335	What's your favorite flavor of ice cream? 아이스크림은 어떤 맛을 제일 좋아해요?	① ② ③ ④ ⑤ ⑥ ⑦ ⑧ ⑨ ⑩ ⑪ ⑫	
336	What's your favorite sport? 어떤 운동을 제일 좋아해요?		① ② ③ ④ ⑤ ⑥ ⑦ ⑧ ⑨ ⑩ ⑪ ⑫

▶ Are you interested in ~?

337	Are you interested in politics? 정치에 관심이 있니?		① ② ③ ④ ⑤ ⑥ ⑦ ⑧ ⑨ ⑩ ⑪ ⑫
338	Are you interested in applying for this job? 이 일자리에 지원하는 데 관심이 있습니까?	① ② ③ ④ ⑤ ⑥ ⑦ ⑧ ⑨ ⑩ ⑪ ⑫	
339	Are you interested in sports? 스포츠에 관심이 있습니까?		① ② ③ ④ ⑤ ⑥ ⑦ ⑧ ⑨ ⑩ ⑪ ⑫

325~339 이어 듣기

Actual
Training
02

영어회화
핵심패턴
113문장

001 | I want ~

A	I want a kitty.
B	Oh, really? That's fine.
A	야옹이 한 마리 기르고 싶어요.
B	아, 그래? 좋아.

① ② ③ ④ ⑤ ⑥ ⑦ ⑧ ⑨ ⑩ ⑪ ⑫

002 | I want to ~ (I wanna ~)

A	I want to paint like Picasso.
B	That's easy.
A	난 피카소처럼 그림을 그리고 싶어.
B	그건 쉽지.

① ② ③ ④ ⑤ ⑥ ⑦ ⑧ ⑨ ⑩ ⑪ ⑫

003 | I want you to ~

A	I want you to read this.
B	Why should I?
A	난 네가 이걸 읽어봤으면 좋겠어.
B	내가 왜 읽어야 하는데?

① ② ③ ④ ⑤ ⑥ ⑦ ⑧ ⑨ ⑩ ⑪ ⑫

004 | Do you want ~?

A	Do you want an appointment?
B	Yes, please, thank you.
A	예약을 잡아드릴까요?
B	네, 부탁합니다, 감사합니다.

① ② ③ ④ ⑤ ⑥ ⑦ ⑧ ⑨ ⑩ ⑪ ⑫

005	**Do you want to ～?**		
A	Do you want to **come back to work?**		① ②
B	Yes, of course.		③ ④ ⑤ ⑥
A	복직하고 싶습니까?		⑦ ⑧
B	그럼요, 물론이죠.		⑨ ⑩ ⑪ ⑫

006	**Do you want me to ～?**		
A	Do you want me to **leave?**		① ②
B	No, absolutely not.		③ ④ ⑤ ⑥
A	내가 떠났으면 좋겠니?		⑦ ⑧
B	아니, 절대로 아냐.		⑨ ⑩ ⑪ ⑫

007	**What do you want to ～?**		
A	What do you want to **be when you grow up?**		① ②
B	I want to be a model.		③ ④ ⑤ ⑥
A	크면 뭐가 되고 싶니?		⑦ ⑧
B	모델이 되고 싶어요.		⑨ ⑩ ⑪ ⑫

008	**I'd like ～**		
A	I'd like **some water, please.**		① ②
B	Oh, are you thirsty? Here is a bottle of water.		③ ④ ⑤ ⑥
A	물을 좀 마시고 싶은데요.		⑦ ⑧
B	아, 목이 마르세요? 여기 물 한 병 있습니다.		⑨ ⑩ ⑪ ⑫

 001~008 이어 듣기

009 | I'd like to ~

A	I'd like to ask you something.
B	Sure. Ask anything you like.
A	뭘 좀 묻고 싶은데요.
B	그러세요. 뭐든지 물어보세요.

① ② ③ ④ ⑤ ⑥ ⑦ ⑧ ⑨ ⑩ ⑪ ⑫

010 | I'd like you to ~

A	I'd like you to make dinner tonight.
B	I'm too tired. Let's order it instead.
A	오늘밤에 당신이 저녁 좀 해줘.
B	나 너무 피곤해. 대신 시켜먹자.

① ② ③ ④ ⑤ ⑥ ⑦ ⑧ ⑨ ⑩ ⑪ ⑫

011 | Would you like ~?

A	Would you like some French fries?
B	Sure, thanks.
A	감자튀김 좀 먹겠어요?
B	좋죠, 고마워요.

① ② ③ ④ ⑤ ⑥ ⑦ ⑧ ⑨ ⑩ ⑪ ⑫

012 | How would you like ~?

A	How would you like the steak?
B	Medium, please.
A	스테이크를 어떻게 해드릴까요?
B	미디엄으로 해주세요.

① ② ③ ④ ⑤ ⑥ ⑦ ⑧ ⑨ ⑩ ⑪ ⑫

013	Would you like to ~?		
A	Would you like to lose weight?		① ②
B	Sure, any tips?		③ ④ ⑤ ⑥
A	살을 빼고 싶으세요?		⑦ ⑧
B	그럼요, 비결이 있어요?		⑨ ⑩ ⑪ ⑫

014	Would you like me to ~?		
A	Would you like me to be there?		① ②
B	Oh, no, you don't need to.		③ ④ ⑤ ⑥
A	내가 거기 갔으면 좋겠어요?		⑦ ⑧
B	아뇨, 그럴 필요 없어요.		⑨ ⑩ ⑪ ⑫

015	I've p.p. ~		
A	I've heard a lot about you.		① ②
B	I hope they were good things.		③ ④ ⑤ ⑥
A	말씀 많이 들었습니다.		⑦ ⑧
B	좋은 얘기였길 바라요.		⑨ ⑩ ⑪ ⑫

016	I've been ~		
A	I've been to Europe.		① ②
B	What part of Europe?		③ ④ ⑤ ⑥
A	난 유럽에 가봤어.		⑦ ⑧
B	유럽 어디에 가봤는데?		⑨ ⑩ ⑪ ⑫

 009~016 이어 듣기

017 | I've never p.p. ~ before.

A	I've never seen **you drink** before.		① ②
B	Oh, sometimes I drink a little beer.		③ ④ ⑤ ⑥
A	여태껏 네가 술을 마신 걸 본 적이 없는데.		⑦ ⑧ ⑨ ⑩
B	아, 어쩌다 맥주를 좀 마셔.		⑪ ⑫

018 | I've never been ~ before.

A	I've never been **to Denmark** before.		① ②
B	Me neither. It seems like such a beautiful country, though.		③ ④ ⑤ ⑥
A	난 덴마크에 가본 적이 없어.		⑦ ⑧ ⑨ ⑩
B	나도. 그래도 정말 아름다운 나라인 것 같아.		⑪ ⑫

019 | I've already p.p. ~

A	I've already invested **so much time in this.**		① ②
B	Just one more day, please.		③ ④ ⑤ ⑥
A	나는 이미 여기에 시간을 너무 많이 투자했어.		⑦ ⑧ ⑨ ⑩
B	하루만 더 해줘, 부탁이야.		⑪ ⑫

020 | Have you p.p. ~?

A	Have you used **illegal drugs?**		① ②
B	No, never.		③ ④ ⑤ ⑥
A	불법적인 약품을 사용해본 적이 있나요?		⑦ ⑧ ⑨ ⑩
B	아뇨, 전혀 없어요.		⑪ ⑫

021 Have you ever been to ～?

A	Have you ever been to their apartment?	
B	No. I don't know exactly where they live.	① ② ③ ④ ⑤ ⑥ ⑦ ⑧ ⑨ ⑩ ⑪ ⑫
A	그 사람들이 사는 아파트에 가본 적이 있어요?	
B	아뇨. 그 사람들이 어디 사는지 정확하게는 몰라요.	

022 Have you p.p. ～ yet?

A	Have you finished your makeup yet?	
B	Oh, come on. There's no need for such a hurry.	① ② ③ ④ ⑤ ⑥ ⑦ ⑧ ⑨ ⑩ ⑪ ⑫
A	화장 다 끝냈니?	
B	그러지 좀 마. 그렇게 서두를 필요가 없잖아.	

023 I'm going to ～ (I'm gonna ～)

A	I'm going to send your brother to help.	
B	No. I can take care of it.	① ② ③ ④ ⑤ ⑥ ⑦ ⑧ ⑨ ⑩ ⑪ ⑫
A	네 형을 보내서 너를 도우라고 할게.	
B	아녜요. 내가 할 수 있어요.	

024 Are you going to ～? (Are you gonna ～?)

A	Are you going to stay with me?	
B	Sorry, I've got to go now.	① ② ③ ④ ⑤ ⑥ ⑦ ⑧ ⑨ ⑩ ⑪ ⑫
A	나랑 같이 자고 갈 거야?	
B	미안, 지금 가야 해.	

 017~024 이어 듣기

025 I have to ~ (I've got to ~)

A	First, I have to make a few calls.		① ②
B	OK, make it fast.		③ ④ ⑤ ⑥
A	먼저, 전화를 몇 통 걸어야 해.		⑦ ⑧ ⑨ ⑩
B	알았어, 빨리 해.		⑪ ⑫

026 You should ~

A	You should listen to me when I say no.		① ②
B	Oh, you're very hard on me.		③ ④ ⑤ ⑥
A	내가 아니라고 하면 내 말 들으렴.		⑦ ⑧ ⑨ ⑩
B	이야, 넌 참 나한텐 심하게 군다.		⑪ ⑫

027 You shouldn't ~

A	You shouldn't act like that.		① ②
B	What's wrong?		③ ④ ⑤ ⑥
A	그렇게 행동하면 안 돼.		⑦ ⑧ ⑨ ⑩
B	뭐가 잘못됐는데?		⑪ ⑫

028 Let's ~

A	Now let's get back to work so we can go home early.		① ②
B	OK, that's a good idea.		③ ④ ⑤ ⑥
A	자, 다시 일을 계속합시다. 일찍 집에 갈 수 있게요.		⑦ ⑧ ⑨ ⑩
B	좋아요, 그게 좋겠어요.		⑪ ⑫

029	Let's not ~		
A	Let's not worry about that right now.		① ②
B	Right, let's forget about that problem for now.		③ ④ ⑤ ⑥
A	지금 당장은 그것에 대해서 걱정하지 맙시다.		⑦ ⑧ ⑨ ⑩
B	맞아요, 지금은 그 문제는 잊어버립시다.		⑪ ⑫

030	Let me ~		
A	Let me carry your camera equipment.		① ②
B	No, thank you. I'll be all right.		③ ④ ⑤ ⑥
A	내가 카메라 장비를 들어줄게요.		⑦ ⑧ ⑨ ⑩
B	고맙지만 사양할게요. 난 괜찮아요.		⑪ ⑫

031	Let me know if ~		
A	Let me know if you change your mind.		① ②
B	Change my mind about what?		③ ④ ⑤ ⑥
A	마음이 바뀌면 알려줘.		⑦ ⑧ ⑨ ⑩
B	무엇에 대해 마음이 바뀐단 말이야?		⑪ ⑫

032	You look ~		
A	You look terrible! What's wrong?		① ②
B	Oh, I don't know.		③ ④ ⑤ ⑥
A	너 몰골이 끔찍해! 왜 그런 거야?		⑦ ⑧ ⑨ ⑩
B	글쎄, 나도 모르겠어.		⑪ ⑫

 025~032 이어 듣기

033 You sound ~

A	You sound excited.
B	Actually I won the lottery.
A	아주 신난 것 같은데.
B	실은 나 복권에 당첨됐어.

①② ③④ ⑤⑥ ⑦⑧ ⑨⑩ ⑪⑫

034 It smells ~

A	It smells really good.
B	It will be ready soon.
A	진짜 냄새 좋은데.
B	곧 준비가 될 거야.

①② ③④ ⑤⑥ ⑦⑧ ⑨⑩ ⑪⑫

035 It tastes ~

A	It tastes so wonderful.
B	Thank you, you're so kind.
A	맛이 정말 기가 막히군요.
B	고마워요, 아주 친절하시네요.

①② ③④ ⑤⑥ ⑦⑧ ⑨⑩ ⑪⑫

036 You must be ~

A	You must be my brother's friend.
B	Yes, how did you know?
A	우리 형 친구시죠.
B	네, 어떻게 아셨어요?

①② ③④ ⑤⑥ ⑦⑧ ⑨⑩ ⑪⑫

037 | I have trouble in −ing

A	I have trouble in fixing this.		① ②
B	Take it nice and slow.		③ ④
A	이걸 수리하는 데 애를 먹고 있어.		⑤ ⑥ ⑦ ⑧
B	천천히 잘해봐.		⑨ ⑩ ⑪ ⑫

038 | I have difficulty in −ing

A	I have difficulty in hearing people properly.		① ②
B	OK, I'll speak slowly.		③ ④
A	난 난청이 있어요.		⑤ ⑥ ⑦ ⑧
B	알았습니다. 천천히 말할게요.		⑨ ⑩ ⑪ ⑫

039 | I'm busy −ing

A	I'm busy doing my homework.		① ②
B	You're always busy when I need you.		③ ④
A	난 숙제하느라 바빠.		⑤ ⑥ ⑦ ⑧
B	넌 내가 필요할 때마다 바쁘더라.		⑨ ⑩ ⑪ ⑫

040 | I'll ~

A	I'll learn everything you want me to know.		① ②
B	Good! That's the spirit.		③ ④
A	저는 당신이 원하는 것은 뭐든지 배우겠습니다.		⑤ ⑥ ⑦ ⑧
B	좋아요! 그런 정신으로 하면 돼요.		⑨ ⑩ ⑪ ⑫

 033~040 이어 듣기

041 I won't ~

A	I won't make promises I can't keep.
B	That's what I wanted to hear from you.
A	내가 지킬 수 없는 약속은 하지 않을게.
B	내가 듣고 싶었던 말이 바로 그거야.

① ② ③ ④ ⑤ ⑥ ⑦ ⑧ ⑨ ⑩ ⑪ ⑫

042 I'll never ~

A	I'll never forget meeting him for the first time
B	Did he impress you that much?
A	그 남자를 처음 만난 때를 절대 잊지 못할 거야.
B	그 남자가 그렇게 인상 깊었니?

① ② ③ ④ ⑤ ⑥ ⑦ ⑧ ⑨ ⑩ ⑪ ⑫

043 There's ~

A	There's a poem for you.
B	Oh really? Read it to me then.
A	너한테 맞는 시가 있어.
B	아, 그래? 그럼 읽어줘.

① ② ③ ④ ⑤ ⑥ ⑦ ⑧ ⑨ ⑩ ⑪ ⑫

044 There's always ~

A	There's always tomorrow.
B	You're right. I'll never give up.
A	언제나 내일은 있어.
B	네 말이 맞아. 난 절대 포기하지 않을 거야.

① ② ③ ④ ⑤ ⑥ ⑦ ⑧ ⑨ ⑩ ⑪ ⑫

045	**There's no ~**		
A	There's no such thing as a free lunch.		① ②
B	I don't know. Some people always get free lunches.		③ ④ ⑤ ⑥
A	세상에 공짜 점심 같은 것은 없어.		⑦ ⑧ ⑨ ⑩
B	글쎄. 어떤 사람들은 항상 공짜로 점심을 먹던데.		⑪ ⑫

046	**Is there ~?**		
A	Is there life on other planets?		① ②
B	We're not sure yet.		③ ④ ⑤ ⑥
A	다른 행성에도 생명체가 있어요?		⑦ ⑧ ⑨ ⑩
B	아직 확실히 모른단다.		⑪ ⑫

047	**Is there any ~?**		
A	Is there any water left in the pond?		① ②
B	No, not at all.		③ ④ ⑤ ⑥
A	연못에 남은 물이 있어요?		⑦ ⑧ ⑨ ⑩
B	아뇨, 조금도 없어요.		⑪ ⑫

048	**(Is there) Anything ~?**		
A	(Is there) Anything wrong with them?		① ②
B	No, they are working fine.		③ ④ ⑤ ⑥
A	그거 뭐 잘못된 거 있어요?		⑦ ⑧ ⑨ ⑩
B	아뇨, 잘 작동되고 있어요.		⑪ ⑫

 041~048 이어 듣기

049 (Is there) Anybody ~?

A	(Is there) Anybody home?
B	Who is it?
A	집에 누구 있어요?
B	누구세요?

① ② ③ ④ ⑤ ⑥ ⑦ ⑧ ⑨ ⑩ ⑪ ⑫

050 That's why ~

A	That's why I went there.
B	Went where? Be specific.
A	그래서 거기 갔었어.
B	어디에 갔었다고? 구체적으로 말해.

① ② ③ ④ ⑤ ⑥ ⑦ ⑧ ⑨ ⑩ ⑪ ⑫

051 Why did you ~?

A	Why did you leave your last job?
B	I was laid off.
A	지난 번 직장은 왜 그만두셨나요?
B	정리해고 당했어요.

① ② ③ ④ ⑤ ⑥ ⑦ ⑧ ⑨ ⑩ ⑪ ⑫

052 How can you ~?

A	How can you say that to me?
B	I am just trying to help.
A	어떻게 나한테 그런 말을 할 수 있니?
B	난 그냥 도와주려고 그러는 거야.

① ② ③ ④ ⑤ ⑥ ⑦ ⑧ ⑨ ⑩ ⑪ ⑫

053	What makes you think ~?		
A	What makes you think it's going to be OK?		① ②
B	Oh, it's just my hunch.		③ ④ ⑤ ⑥
A	왜 잘될 거라고 생각하는데?		⑦ ⑧ ⑨ ⑩
B	아, 그건 그냥 내 감이야.		⑪ ⑫

054	Don't ~		
A	Don't blame me.		① ②
B	Don't worry. It's my fault.		③ ④ ⑤ ⑥
A	나한테 뭐라고 하지 마세요.		⑦ ⑧ ⑨ ⑩
B	걱정하지 마요. 내 잘못이니까.		⑪ ⑫

055	Don't forget to ~		
A	Don't forget to close the door.		① ②
B	Sure.		③ ④ ⑤ ⑥
A	문 꼭 닫아.		⑦ ⑧ ⑨ ⑩
B	그럴게.		⑪ ⑫

056	Don't tell me ~		
A	Don't tell me what to do.		① ②
B	Sorry. I'm just worried about you.		③ ④ ⑤ ⑥
A	나한테 이래라저래라 하지 마세요.		⑦ ⑧ ⑨ ⑩
B	미안해. 네가 걱정이 돼서 그래.		⑪ ⑫

 049~056 이어 듣기

057	Stop -ing		
A	Stop crying.		① ②
B	You don't know how sad I am.		③ ④ ⑤ ⑥
A	그만 울어.		⑦ ⑧
B	넌 내가 얼마나 슬픈지 몰라.		⑨ ⑩ ⑪ ⑫

058	I almost ~		
A	I almost missed my plane.		① ②
B	Why? You overslept again?		③ ④ ⑤ ⑥
A	비행기를 놓칠 뻔했어.		⑦ ⑧
B	왜? 또 늦잠을 잤니?		⑨ ⑩ ⑪ ⑫

059	I feel like ~		
A	I feel like a complete idiot.		① ②
B	Don't be silly.		③ ④ ⑤ ⑥
A	난 완전히 바보가 된 기분이야.		⑦ ⑧
B	바보 같은 소리 하지 마.		⑨ ⑩ ⑪ ⑫

060	I used to ~		
A	I used to stay up late every night.		① ②
B	What did you do?		③ ④ ⑤ ⑥
A	예전엔 매일 밤늦도록 안 잤지.		⑦ ⑧
B	뭘 했는데?		⑨ ⑩ ⑪ ⑫

061	**I'm used to −ing**		
A	I'm used to **walking** these streets day or night.		① ②
B	I know, but be careful.		③ ④ ⑤ ⑥
A	난 밤이나 낮이나 이 거리들을 걸어 다니는 것에 익숙해.		⑦ ⑧ ⑨ ⑩
B	나도 알지만 그래도 조심해.		⑪ ⑫

062	**I'm good at ~**		
A	I'm good at **sports**.		① ②
B	It doesn't mean you have to play them.		③ ④ ⑤ ⑥
A	난 운동을 잘해.		⑦ ⑧ ⑨ ⑩
B	그렇다고 해서 네가 꼭 운동을 해야 되는 건 아니지.		⑪ ⑫

063	**I should have p.p. ~**		
A	I should have listened to them.		① ②
B	It's no use crying over spilt milk.		③ ④ ⑤ ⑥
A	그 사람들 말을 들었어야 했는데.		⑦ ⑧ ⑨ ⑩
B	후회해봐야 소용없어. 이미 엎질러진 물이야.		⑪ ⑫

064	**I shouldn't have p.p. ~**		
A	I shouldn't have given up that easily.		① ②
B	Start it all over again.		③ ④ ⑤ ⑥
A	그렇게 쉽게 포기하지 말았어야 했는데.		⑦ ⑧ ⑨ ⑩
B	처음부터 다시 시작해.		⑪ ⑫

 057~064 이어 듣기

065 | I told you to ~

A	I told you to wait.	① ②
B	I didn't feel like it. I was tired.	③ ④
A	내가 기다리라고 했잖아.	⑤ ⑥ ⑦ ⑧
B	그러기 싫었어. 피곤했거든.	⑨ ⑩ ⑪ ⑫

066 | I told you not to ~

A	I told you not to worry about me.	① ②
B	I can't believe you're safe.	③ ④
A	내 걱정은 하지 말라고 했잖아.	⑤ ⑥ ⑦ ⑧
B	네가 안전하다는 게 믿어지지가 않아.	⑨ ⑩ ⑪ ⑫

067 | I don't know why ~

A	I don't know why you hate me so much.	① ②
B	Oh, I don't hate you, I just need to get away from you.	③ ④
A	네가 왜 날 그렇게 싫어하는지 알 수가 없어.	⑤ ⑥ ⑦ ⑧
B	널 싫어하는 게 아냐. 난 그냥 너한테서 떨어져 있을 필요가 있는 거야.	⑨ ⑩ ⑪ ⑫

068 | I don't know how to ~

A	I don't know how to run this machine.	① ②
B	It's really easy. Here, let me show you.	③ ④
A	이 기계를 어떻게 작동시키는지 모르겠어.	⑤ ⑥ ⑦ ⑧
B	정말 쉬워. 자, 내가 보여줄게.	⑨ ⑩ ⑪ ⑫

069	I didn't mean to ～		
A	Oh, I'm sorry. I didn't mean to hurt you.		①② ③④ ⑤⑥ ⑦⑧ ⑨⑩ ⑪⑫
B	That's OK. I see what you mean.		
A	너한테 상처를 주려고 했던 건 아냐.		
B	괜찮아. 네 말뜻은 알고 있어.		

070	I was about to ～		
A	When did you find out the mistake?		①② ③④ ⑤⑥ ⑦⑧ ⑨⑩ ⑪⑫
B	Just when I was about to sign the contract.		
A	그 실수를 언제 알아차렸는데?		
B	계약서에 막 서명하려던 참에.		

071	I'm looking forward to + (동)명사 ～		
A	I'm looking forward to seeing you perform.		①② ③④ ⑤⑥ ⑦⑧ ⑨⑩ ⑪⑫
B	Thank you very much.		
A	당신이 공연하는 걸 보는 게 기대돼요.		
B	정말 고마워요.		

072	I can't afford to ～		
A	I can't afford to have kids right now.		①② ③④ ⑤⑥ ⑦⑧ ⑨⑩ ⑪⑫
B	But you've got a good job.		
A	지금 당장은 아이를 가질 여유가 없어.		
B	하지만 좋은 직장에 다니잖아.		

 065~072 이어 듣기

073   You don't have to ~

A	They say you don't have to eat less to lose weight.	① ②
B	That's good news.	③ ④ ⑤ ⑥
A	살을 빼려고 적게 먹을 필요는 없다고 그러던데.	⑦ ⑧ ⑨ ⑩
B	그거 좋은 소식이네.	⑪ ⑫

074   I'm here to ~

A	I'm here to ask you a favor.	① ②
B	What can I do for you?	③ ④ ⑤ ⑥
A	부탁 좀 드리려고 왔어요.	⑦ ⑧ ⑨ ⑩
B	뭘 해드릴까요?	⑪ ⑫

075   It'll take 소요시간 to ~

A	It'll take three months to heal.	① ②
B	I don't care if it takes three years.	③ ④ ⑤ ⑥
A	다 나으려면 3달이 걸릴 겁니다.	⑦ ⑧ ⑨ ⑩
B	3년이 걸려도 상관없어요.	⑪ ⑫

076   It takes 소요시간 to ~

A	It takes a couple of hours to reach the summit.	① ②
B	Good. Let's go!	③ ④ ⑤ ⑥
A	정상까지 가려면 2~3시간 걸려요.	⑦ ⑧ ⑨ ⑩
B	좋아요. 갑시다!	⑪ ⑫

077	It took 소요시간 to ~		
A	It took **twenty minutes** to **drive home from work**.		① ②
B	That's fast.		③ ④ ⑤ ⑥
A	퇴근하는 데 차로 20분 걸렸어.		⑦ ⑧ ⑨ ⑩
B	빨리 왔네.		⑪ ⑫

078	How long will it take to ~?		
A	How long will it take to **learn Chinese**?		① ②
B	It depends on your own commitment level.		③ ④ ⑤ ⑥
A	중국어를 배우려면 얼마나 걸릴까요?		⑦ ⑧ ⑨ ⑩
B	얼마나 정성을 들이느냐에 달렸죠.		⑪ ⑫

079	How long does it take to ~?		
A	How long does it take to **watch this video**?		① ②
B	It takes about forty minutes.		③ ④ ⑤ ⑥
A	이 동영상을 보려면 얼마나 걸려?		⑦ ⑧ ⑨ ⑩
B	대강 40분 걸려.		⑪ ⑫

080	How long did it take to ~?		
A	How long did it take to **write this story**?		① ②
B	It took me a year to write.		③ ④ ⑤ ⑥
A	이 소설을 쓰는 데 얼마나 걸렸어?		⑦ ⑧ ⑨ ⑩
B	쓰는 데 1년 걸렸어.		⑪ ⑫

 073~080 이어 듣기

081 How long have you p.p. ~?

A	How long have you worked for this company?		① ②
B	Almost ten years.		③ ④
			⑤ ⑥
A	이 회사에서 얼마나 일했어요?		⑦ ⑧
			⑨ ⑩
B	거의 10년 됐어요.		⑪ ⑫

082 I don't feel like -ing

A	I don't feel like eating supper tonight.		① ②
B	What's wrong? Are you sick?		③ ④
			⑤ ⑥
A	오늘 밤에는 저녁을 먹고 싶은 기분이 아냐.		⑦ ⑧
			⑨ ⑩
B	왜 그래? 아프니?		⑪ ⑫

083 It's no wonder ~

A	It's no wonder the relationship didn't work.		① ②
B	You're right. Who wants to live like that?		③ ④
			⑤ ⑥
A	그 관계가 제대로 돌아가지 않은 것도 당연해.		⑦ ⑧
			⑨ ⑩
B	맞아. 누가 그렇게 살고 싶겠어?		⑪ ⑫

084 I'm sorry about ~

A	I'm sorry about hurting your feelings.		① ②
B	That's OK. It's all in the past.		③ ④
			⑤ ⑥
A	네 감정을 상하게 해서 미안해.		⑦ ⑧
			⑨ ⑩
B	괜찮아. 전부 지난 일이야.		⑪ ⑫

085	I'm sorry for ~		
A	I'm sorry for the trouble.		① ②
B	That's alright. That's not your fault.		③ ④ ⑤ ⑥
A	말썽이 생겨서 미안해요.		⑦ ⑧ ⑨ ⑩
B	괜찮아요. 당신 잘못이 아니에요.		⑪ ⑫

086	I'm sorry to ~		
A	I'm sorry to interrupt you.		① ②
B	Is it urgent?		③ ④ ⑤ ⑥
A	방해해서 죄송합니다.		⑦ ⑧ ⑨ ⑩
B	급한 일인가?		⑪ ⑫

087	I'm sorry that ~		
A	I'm sorry that I'm late.		① ②
B	Don't be late again.		③ ④ ⑤ ⑥
A	늦어서 죄송합니다.		⑦ ⑧ ⑨ ⑩
B	다시는 지각하지 말게.		⑪ ⑫

088	Can you get me ~?		
A	Can you get me a glass of water?		① ②
B	Sure, no problem.		③ ④ ⑤ ⑥
A	물 한 잔 갖다 주시겠어요?		⑦ ⑧ ⑨ ⑩
B	그럼요. 문제없습니다.		⑪ ⑫

 081~088 이어 듣기

089 Can you give me ~?

A	Can you give me a lift to the station?
B	OK, but you have to wait for five minutes.
A	역까지 태워주시겠어요?
B	그러죠, 하지만 5분 동안 기다리셔야 돼요.

① ②
③ ④
⑤ ⑥
⑦ ⑧
⑨ ⑩
⑪ ⑫

090 Can you help me ~?

A	Can you help me finish this report?
B	Sorry, but I've got a lot of work to do right now.
A	이 보고서를 끝내는 걸 도와주시겠어요?
B	미안하지만 지금 할 일이 많아서요.

① ②
③ ④
⑤ ⑥
⑦ ⑧
⑨ ⑩
⑪ ⑫

091 Can you tell me ~?

A	Can you tell me how to get to the nearest subway station?
B	Oh, that's just around the corner.
A	가장 가까운 지하철역에 가려면 어떻게 해야 되는지 알려주시겠어요?
B	아, 길모퉁이를 돌면 바로 있어요.

① ②
③ ④
⑤ ⑥
⑦ ⑧
⑨ ⑩
⑪ ⑫

092 Can you show me ~?

A	Can you show me a picture of your cat?
B	Here it is.
A	너희 고양이 사진 좀 보여줄래?
B	여기.

① ②
③ ④
⑤ ⑥
⑦ ⑧
⑨ ⑩
⑪ ⑫

093	Can I ~?		
A	Can I help you?		① ② ③ ④
B	No, I can manage, thanks anyway.		⑤ ⑥
A	도와드릴까요?		⑦ ⑧ ⑨ ⑩
B	아뇨, 혼자 할 수 있어요. 어쨌든 고마워요.		⑪ ⑫

094	Can I have ~?		
A	Can I have some more?		① ② ③ ④
B	Sure, just a second.		⑤ ⑥
A	더 먹어도 될까요?		⑦ ⑧ ⑨ ⑩
B	그럼요, 잠깐만 기다리세요..		⑪ ⑫

095	Can I get you ~?		
A	Can I get you something to drink?		① ② ③ ④
B	Yes, please. Something cold.		⑤ ⑥
A	마실 걸 드릴까요?		⑦ ⑧ ⑨ ⑩
B	네, 갖다 주세요. 찬 걸로요.		⑪ ⑫

096	Could you ~?		
A	I'm sorry. I can't hear you very well. Could you speak up, please?		① ② ③ ④
B	I said I'd like to speak to Brad Pitt.		⑤ ⑥
A	죄송합니다. 잘 안 들리네요. 좀 크게 말씀해 주시겠어요?		⑦ ⑧ ⑨ ⑩
B	브래드 피트 씨좀 부탁드립니다. (브래드 피트 씨와 통화하고 싶다고 했습니다.)		⑪ ⑫

 089~096 이어 듣기

097 How about ~?

A	How about a game of chess?		① ②
B	Half an hour later, OK?		③ ④ ⑤ ⑥
A	체스 한 판 두는 게 어때?		⑦ ⑧ ⑨ ⑩
B	30분 후에, 괜찮지?		⑪ ⑫

098 Why don't you ~?

A	Why don't you take a walk?		① ②
B	Oh, I'm just fine where I am.		③ ④ ⑤ ⑥
A	산책이라도 하는 게 어떠니?		⑦ ⑧ ⑨ ⑩
B	아, 그냥 있어도 괜찮아.		⑪ ⑫

099 Are you + 형용사?

A	Are you hungry right now?		① ②
B	I'm starving to death.		③ ④ ⑤ ⑥
A	지금 배고프니?		⑦ ⑧ ⑨ ⑩
B	배고파 죽을 것 같아.		⑪ ⑫

100 Are you ready for ~?

A	Are you ready for school?		① ②
B	I'm leaving now.		③ ④ ⑤ ⑥
A	학교 갈 준비가 됐니?		⑦ ⑧ ⑨ ⑩
B	지금 가요.		⑪ ⑫

101	**Are you ready to ~?**		
A	Are you ready to go?		① ②
B	Yes, let's go.		③ ④ ⑤ ⑥
A	갈 준비됐니?		⑦ ⑧ ⑨ ⑩
B	그래, 가자.		⑪ ⑫

102	**Are you free ~?**		
A	Are you free tomorrow night?		① ②
B	No, I'm working tomorrow night.		③ ④ ⑤ ⑥
A	내일 밤에 시간 있어?		⑦ ⑧ ⑨ ⑩
B	아니, 내일 밤에는 일해야 해.		⑪ ⑫

103	**Are you free to ~?**		
A	Are you free to get together this evening?		① ②
B	This evening would be fine.		③ ④ ⑤ ⑥
A	오늘 밤에 같이 모일 시간 있어요?		⑦ ⑧ ⑨ ⑩
B	오늘 밤이라면 좋아요.		⑪ ⑫

104	**Is it true ~?**		
A	Is it true what I heard about you?		① ②
B	What did you hear?		③ ④ ⑤ ⑥
A	너에 관해서 들은 얘기가 사실이야?		⑦ ⑧ ⑨ ⑩
B	뭘 들었는데?		⑪ ⑫

 097~104 이어 듣기

105 | Is it okay if ～?

A	Is it okay if I use it?
B	I don't see why not.
A	이거 사용해도 돼요?
B	그럼, 얼마든지 사용해라.

① ② ③ ④ ⑤ ⑥ ⑦ ⑧ ⑨ ⑩ ⑪ ⑫

106 | How was ～?

A	How was your job interview today?
B	I guess it went well.
A	오늘 취업 면접은 어떻게 됐니?
B	잘된 것 같아.

① ② ③ ④ ⑤ ⑥ ⑦ ⑧ ⑨ ⑩ ⑪ ⑫

107 | When is ～?

A	When is your mother's birthday?
B	Sometime next month, I think.
A	네 어머니 생일은 언제니?
B	다음 달 언제인 것 같은데.

① ② ③ ④ ⑤ ⑥ ⑦ ⑧ ⑨ ⑩ ⑪ ⑫

108 | Where is ～?

A	Where is the post office?
B	Sorry, I'm new here.
A	우체국은 어디 있어요?
B	미안합니다만, 저도 여기가 처음이거든요.

① ② ③ ④ ⑤ ⑥ ⑦ ⑧ ⑨ ⑩ ⑪ ⑫

109	**Where did you ~?**		
A	Where did you go to high school?		① ②
B	Some school in Beijing.		③ ④
A	어느 고등학교에 다녔어요?		⑤ ⑥ ⑦ ⑧
B	베이징에 있는 학교요.		⑨ ⑩ ⑪ ⑫

110	**Where can I ~?**		
A	Where can I get that sweater?		① ②
B	They're sold pretty much everywhere.		③ ④
A	그런 스웨터는 어디서 살 수 있니?		⑤ ⑥ ⑦ ⑧
B	어디서나 다 팔아.		⑨ ⑩ ⑪ ⑫

111	**What kind of 명사 do you like?**		
A	What kind of music do you like?		① ②
B	Mainly jazz and blues.		③ ④
A	음악은 어떤 종류를 좋아하세요?		⑤ ⑥ ⑦ ⑧
B	주로 재즈와 블루스요.		⑨ ⑩ ⑪ ⑫

112	**What's your favorite ~?**		
A	What's your favorite number?		① ②
B	Number 9 is my favorite number.		③ ④
A	제일 좋아하는 숫자는 뭐니?		⑤ ⑥ ⑦ ⑧
B	9가 내가 제일 좋아하는 숫자야.		⑨ ⑩ ⑪ ⑫

113	Are you interested in ～?		
A	Are you interested in **volunteering**?		① ②
B	Yes, very much.		③ ④ ⑤ ⑥
A	자원봉사에 관심이 있습니까?		⑦ ⑧ ⑨ ⑩
B	네, 아주 많아요.		⑪ ⑫

105~113 이어 듣기

저절로 몸에 새겨지는
몰입 영어

초판 1쇄 발행 2018년 8월 29일 **초판 10쇄 발행** 2023년 9월 26일

지은이 황농문
펴낸이 이승현

출판2 본부장 박태근
W&G 팀장 류혜정
디자인 이세호

펴낸곳 ㈜위즈덤하우스 **출판등록** 2000년 5월 23일 제13-1071호
주소 서울특별시 마포구 양화로 19 합정오피스빌딩 17층
전화 02) 2179-5600 **홈페이지** www.wisdomhouse.co.kr

ISBN 979-11-6220-717-8 03320